Markus Wüthrich

Gott will uns begegnen

AF154031

Markus Wüthrich

Gott will uns begegnen

Zelt-Geschichten und andere Impulse

Fromm Verlag

Imprint

Any brand names and product names mentioned in this book are subject to trademark, brand or patent protection and are trademarks or registered trademarks of their respective holders. The use of brand names, product names, common names, trade names, product descriptions etc. even without a particular marking in this work is in no way to be construed to mean that such names may be regarded as unrestricted in respect of trademark and brand protection legislation and could thus be used by anyone.

Cover image: www.ingimage.com

Publisher:
Fromm Verlag
is a trademark of
Dodo Books Indian Ocean Ltd. and OmniScriptum S.R.L publishing group

120 High Road, East Finchley, London, N2 9ED, United Kingdom
Str. Armeneasca 28/1, office 1, Chisinau MD-2012, Republic of Moldova, Europe
Managing Directors: Ieva Konstantinova, Victoria Ursu
info@omniscriptum.com

Printed at: see last page
ISBN: 978-3-8416-0663-1

Inhalt

Für wen ist dieses Buch?.. 3

Widmung und Dank 5

Prolog... 7

Kapitel 1 Gott sucht Gemeinschaft mit uns 9

Kapitel 2 Gott besucht uns... 17

Kapitel 3 Gott zu begegnen verändert unser Herz 23

Kapitel 4 Keine falschen Schuldgefühle mehr..................... 33

Kapitel 5 Eintritt in Gottes Privatraum 48

Kapitel 6 Gott begegnen in meinem Willen 59

Kapitel 7 Dankbares Erinnern und fröhliches Feiern 68

Kapitel 8 Auferstehungskraft im stillen Kämmerlein 78

Kapitel 9 Gott erheben, erkennen und erleben 90

Kapitel 10 Gebet heisst, unserem Vater begegnen............... 99

Kapitel 11 Beten ist der heisse Draht zum Himmel 108

Kapitel 12 Spürst du, wie ansteckend es ist?!................... 119

Epilog 129

Anhang I Gott in seinem Wort begegnen 131

Anhang II Timeline.. 133

Anhang III Literatur- und Quellenverzeichnis 136

Für wen ist dieses Buch?

Immer wieder begegne ich Menschen, die Gott suchen. Sie haben der Kirche und dem Christentum den Rücken gekehrt oder sich einfach davon distanziert, manchmal sogar nur innerlich. Aber sie suchen Gott, den universalen Geist, das kraftspendende Etwas von irgendwoher. Für euch schreibe ich dieses Buch, weil ich überzeugt bin, dass Gott euch begegnen will. Er schlägt eine Brücke zu uns.

Immer wieder treffe ich Menschen, die sich für den Glauben an Jesus Christus entschieden haben. Manchmal sagen wir: sie haben sich zu Jesus bekehrt, sie haben ihm ihr Leben anvertraut. Jetzt leben sie als Gläubige, nach den Regeln des Glaubens. Ihr Gebetsleben ist aktiv. Mehr oder weniger. Sie selbst sind aktiv für Gottes Sache. Mehr oder weniger. Für euch schreibe ich dieses Buch, weil ich überzeugt bin, dass wir zuallererst und vor allem anderen dazu berufen sind, nicht Regeln einzuhalten, sondern Gott zu begegnen. Wir sind zur Gemeinschaft mit ihm berufen.

Ich beobachte, dass etliche christliche Gemeinden in Mitteleuropa einen Aufbruch erleben. Dass sie durch zeitgemässe Angebote die unveränderlich gute Botschaft der Liebe Gottes zu den Menschen unserer Umgebung bringen. Und Wachstum erleben. Manchmal bleibt aber das Gebetsleben, die Spiritualität, die Anbetung unterkühlt. Für euch schreibe ich dieses Buch, weil ich überzeugt bin, dass Gott sich danach sehnt, ganze Gemeinden generationenübergreifend mit seiner spürbaren Gegenwart zu beschenken.

Ich schreibe dieses Buch für bewusste Nicht-Christen, Nicht-Mehr-Christen oder Noch-Nicht-Christen – ich hoffe, euch hier Anregungen zum Weiterdenken zu geben. Für leidenschaftliche Christen – ich hoffe, euer Feuer bekommt hier noch zusätzlich ein paar Stücke Brennholz eingeworfen. Für gebeugte Schuldbeladene – ich hoffe, euer Gewissen bekommt hier eine Anleitung zum Reinwerden. Für zaghafte Zweifler – ich hoffe, euer Glaube wird hier geweckt und gefestigt.

Ich habe dieses Buch für dich geschrieben. Darum spreche ich dich mit dem vertraulichen «du» an. Ich möchte mit dir in diesem Ton über die Dinge sprechen, die mich bewegen. Und schätze es auch, wenn du mir deine Gedanken, deine Geschichten, deine Reaktion mitteilst.[1]

Dieses Buch ist eine Einladung, anhand biblischer Zelt-Geschichten und anderen Impulsen Wege zu finden, um Gott zu begegnen. Und überrascht festzustellen, dass er schon auf uns gewartet hat. Gott will uns begegnen!

Das, was ich dir hier aufschreibe, ist im Umfeld einer lokalen Kirchgemeinde entstanden. Jedes Kapitel besteht aus einer überarbeiteten Predigt, die ich zwischen Oktober 2010 und Januar 2011 in Hochdorf, Schweiz gehalten habe. Diese Zeit war für mich persönlich sehr einschneidend. Ich bekam damals meine Berufung neu geschenkt, von Gottes Wahrheit reden.

---

[1] Über www.gospelkusi.jimdorfee.com kannst du mit mir Kontakt aufnehmen.

Widmung und Dank

Ich widme dieses Buch den Mitgliedern der Freien Evangelischen Gemeinde Hochdorf. Mit euch erlebte ich fünfzehn lehrreiche, spannende, intensive Jahre. Ihr habt euch herausfordern lassen, diese Begegnung mit Gott zu suchen. Und ihr habt mich dazu herausgefordert. Ihr seid wunderbar! Zusammen mit euch habe ich erlebt, was geschehen kann, wenn eine Gemeinde danach strebt, Liebe, Annahme und Vergebung zu leben. Wir haben beides erfahren: das Scheitern und das Aufstehen, das Trennen und das Verbinden. Jahr für Jahr finden neue Menschen durch euch zum Glauben an Jesus und in die Begegnung mit dem himmlischen Vater. Jahr für Jahr werden Herzen geheilt, Freundschaften geschlossen, Menschen getragen. Erweckliche Gemeinde, das konnte ich zusammen mit euch erleben. Das ist spürbarer und ansteckender Glaube. Das sind sie, diese neuen Begegnungen. Bleibt auf diesem Weg. Vergesst nie, was der Vater im Himmel euch geschenkt hat!

Ich widme dieses Buch den Mitgliedern der Freien Evangelischen Gemeinde LuzernSüd. Jetzt sind es bereits zwölf Jahre, dass ich mit meiner Familie ein Teil von euch sein darf. Zwölf wertvolle Jahre als euer Pastor, die mich stark geformt und geprägt haben. Zwölf Jahre mit Höhepunkten und Herausforderungen, die mich darin geübt und geprüft haben, an den Themen dieses Buches dranzubleiben. Dafür danke ich euch. Ihr seid mir ans Herz gewachsen! In unserem Logo steht der Slogan «Kirche zum Begegnen». Mit euch erlebe ich es jetzt wieder neu: eine Gemeinde zu sein, der Gott begegnet – und die ein Ort für besondere Begegnungen sein kann. Ich bin überzeugt, dass wir gemeinsam genau das erleben, was in diesem Buch beschreiben ist und was wir uns auf die Fahne geschrieben haben: eine Kirche zum Begegnen zu sein.

Besten Dank allen, die bei der Entstehung dieses Buches in irgendeiner Art mitgewirkt haben. Besonders erwähnen möchte ich Peter Cawley, Carsten Höpfl, Ariane Jaggi und Hans-Peter Hafner. Danke den Mitarbeitern des FROMMVerlags, die bei mir die Initialzündung für dieses Projekt ausgelöst haben – und die mich auch während der langen Entstehungszeit ermutigt und unterstützt haben, das Manuskript fertigzustellen. Ich danke meiner lieben Frau Andrea: mit dir unterwegs zu sein ist das Beste, was ich mir vorstellen kann. Und danke meinen Kindern: ihr überrascht mich immer wieder mit euren Überlegungen und Erfahrungen mit dem lebendigen Gott, der uns begegnen will.

Markus Wüthrich, im November 2024

Prolog

Zitternd nähert sie sich dem prunkvollen Tor. Schweiss perlt auf ihrer Stirne. Eigentlich kennt sie diesen Weg, ist sie hier zu Hause. Aber es gehört sich nicht, was sie jetzt vorhat: niemand darf ungebeten den König im Innenhof des Palastes aufsuchen. Niemand. Auch nicht sie, seine Schönste, seine Geliebte, seine Frau. Auch nicht Königin Hadassa. Das wissen auch die beiden Eunuchen, die als Wächter vor dem Tor stehen. Erschrocken schauen sie Hadassa an. Und stellen sich ihr in den Weg. Das geht nicht! Sie weiss es doch: niemand darf...! Hadassa nimmt ihren ganzen Mut zusammen und blickt einem der Männer geradewegs in die Augen. Er hält dem Blick stand. Aber etwas Königliches in ihrem Auftreten lässt ihn schliesslich zur Seite treten. Mit feuchten Händen ergreift sie den schweren Türknauf.

Sie liebt ihn. Aber sie weiss, dass sie nicht zu ihm kommen darf. Die Todesstrafe steht auf dieser Tat. Und doch hält sie diese Tatsache nicht zurück. Etwas treibt sie, die Begegnung mit ihm zu suchen. Sie weiss, dass diese Begegnung Leben retten wird. Sie will dem König begegnen! Sie muss! Schliesslich hat sie drei Tage und drei Nächte weder gegessen noch getrunken, hat zusammen mit ihren Gefährtinnen diesen Moment intensiv vorbereitet.

Hadassa schiebt das Tor zum Thronsaal auf. Unter krachendem Gieren öffnet sich vor ihr der prunkvolle Raum, in dessen Zentrum er sich gerade vom Thron erhoben hat. Er, der König über viele Völker und Menschen. Er, der nahezu Allmächtige, der Angebetete, der Furchterregende, der Herrscher über ein Weltreich zwischen Äthiopien und Indien - er blickt erstaunt auf die nähertretende Frau. Raunen in den Reihen der Edlen und Ratgeber, die sich beim König aufhalten. Sie haben Wichtiges zu Besprechen. Beschlüsse zu fassen. Und jetzt diese Störung. Das ärgert und verblüfft. Würdig bleibt sie auf Distanz stehen, ihr Zittern kaum erkennbar. Ihr Blick sucht den seinen. Zischendes Geflüster zu ihrer Rechten und Linken. Es läuft ihr kalt und heiss den Rücken hinunter. Jetzt richtet sie ihre Augen auf den Boden. Sie sieht seine Füsse. Dann hebt sie zögernd den Blick. Sie wartet auf das Zeichen.

Wird er das goldene Zepter auf sie richten oder nicht? Wird er sie begnadigen und anhören? Oder wird er das Recht vor Gnade stehen lassen und sie dem Henker übergeben?

«Komme ich um, so komme ich um», hatte Hadassa draussen ihrem Cousin noch ausrichten lassen. Er hatte sie auf die Wichtigkeit dieser Mission aufmerksam gemacht. Hatte sie gebeten, angefleht, gedrängt, diese Begegnung zu wagen. In die Bresche zu treten. Diesen Weg zu gehen, der ihr entweder den Kopf kostet oder ein ganzes Volk vor dem Genozid rettet.

Sie sieht das Zepter. Er richtet es auf sie. Er will Begegnung mit Hadassa. «Was immer du wünschst, ich will es dir geben – und sei es die Hälfte meines Königreiches!»

Glücklich zu preisen ist,
wer dem HERRN in Ehrfurcht begegnet,
wer Gottes Gebote mit Freude befolgt.
Psalm 112,1 ngü

Kapitel 1
Gott sucht Gemeinschaft mit uns

Kann man Gott erleben?

Wenn ich eine Blume sehe, wenn ich sie näher anschaue, die verschiedenen Details erkenne, sie an die Nase halte und ihren Duft aufsauge, dann mache ich ein Erlebnis mit dieser Blume. Je mehr ich mich auf die Blume einlasse, desto intensiver werde ich sie erleben. So ist es mit allem. So ist es auch mit Gott!

Je näher die Begegnung, desto intensiver das Erlebnis.

Ja, man kann Gott erleben. Und zwar, indem wir ihm persönlich begegnen. Wenn wir ihm persönlich begegnen wollen, dann wollen wir ihn auch kennen lernen, wir wollen ihn erkennen. Und wenn wir ihn erkennen wollen, dann wollen wir ihn auch wahrnehmen und ihm dort begegnen, wo er sich uns zeigt.

Es gibt zwei Arten der Begegnung. Es gibt spontanes Begegnen: zum Beispiel, wenn ich in einem Schaufenster Blumen sehe. Und es gibt persönliches Begegnen: wenn ich dann die Nase in die Blüte stecke und ein intensives Geruchserlebnis mit der Blume mache. Siehst du: je näher die Begegnung, desto intensiver das Erlebnis.

Gott begegnen. Und zwar nicht nur spontan, als wäre Gott im Schaufenster. Nicht auf Distanz, so, dass es dich nicht berührt. Sowas wäre bloss eine Einladung, Gott rein oberflächlich kennen zu lernen. Es geht viel weiter, nämlich dass wir Gott persönlich begegnen. Und der Weg dazu ist, anzuhalten und ihn zu erkennen.[2] Jesus selber hat es so gesagt:

---

[2] vgl. Hebräer 10,39: «Aber wir sind nicht wie die Menschen, die sich von Gott abwenden und so in ihr Verderben rennen. Weil wir an unserem Glauben festhalten, werden wir das Leben bekommen.»

«Und das ist der Weg zum ewigen Leben: Dich zu erkennen,
den einzig wahren Gott, und Jesus Christus,
den du in die Welt gesandt hast.»
Johannes 17,3

Gott schafft Orte der Begegnung

Gott will es! Er will uns begegnen. Er sucht Gemeinschaft mit uns! Der Wunsch nach Gemeinschaft geht von Gott aus! Nur: werden wir auf seinen Wunsch eingehen?

Wenn wir durch die Bibel blättern, sehen wir es immer wieder: Gott sucht Gemeinschaft mit den Menschen. Und dafür schafft er Begegnungsorte. Im Garten Eden zum Beispiel begegnet Gott den beiden ersten Menschen, Adam und Eva, ganz persönlich. Einfach paradiesisch. Solange, bis diese persönliche Beziehung zwischen Gott und Menschen zerschnitten wird. Weil die Menschen Gott misstrauen und darum selbst sein wollen wie Gott. Misstrauen hat damit zu tun, Gott nicht mehr erkennen zu wollen. Logischerweise ist dann auch keine persönliche Begegnung mit Gott mehr möglich. Gott zu begegnen blieb von da an oberflächlich, spontan, distanziert.

Es gilt aber nach wie vor: Gott sucht die Gemeinschaft mit uns Menschen. Und darum schafft er fortwährend Orte für die Begegnung der zweiten Art: persönliche Begegnungen, die eindringlich und eindrücklich sind. Zum Beispiel als Gott mit Adams und Evas Sohn Kain sprach, als dieser den finsteren Plan fasste, seinen Bruder Abel umzubringen. Kain stoppte allerdings nicht. Seine Begegnung mit Gott blieb spontan. Kain tötete Abel und verbrachte den Rest seines Lebens mit einem gebrandmarkten Gewissen. Immer wieder schuf Gott Begegnungsorte: wie damals, als er mit Abraham sprach, der zum Stammvater von Israel wurde. Als er sich auf Mose einliess, der zum Leader einer eindrücklichen Befreiungsaktion Israels wurde. All das zeigt, dass Gott die Gemeinschaft mit uns Menschen sucht. Blättern wir in der Bibel weiter, fällt es immer wieder auf: Gott begegnete dem Hirtenjungen und späteren König David, dann dessen Sohn Salomo, er begegnete dem fischelnden Propheten Jona, dem mutigen Minister Daniel und vielen andern. Die ultimative Begegnung schafft Gott durch seinen Sohn Jesus, der den Titel 'Messias' bekam, auf Griechisch: Christos.

Zelt der Begegnung

Dem Volk Israel gab Gott zur Zeit Moses einen Auftrag: sie sollten ihm ein Zelt der Begegnung erstellen. «Baut mir ein Heiligtum, so dass ich unter euch wohne.» Sie waren damals in der Wüste Sinai. Mose hatte die Gelegenheit, einen Blick ins Jenseits zu werfen. Er sah die Privaträume Gottes in der unsichtbaren Welt, einen himmlischen Ort der Begegnung. Dann liess er nach dieser Vision ein Zelt der Begegnung bauen. Es wird auch Stiftshütte genannt. Also ein Ort, an welchem sich Gott bezeugen will. Ein Ort, wo er sich zeigt und zu erkennen gibt. Eine Art ständiger Reminder, dass Gott tatsächlich Gemeinschaft mit uns Menschen sucht.

Wir brauchen Reminder, die uns daran erinnern, dass Gott uns täglich begegnen will! Die Israeliten hatten dieses Begegnungszelt immer mit dabei – zuerst in der Wüste und später dann im verheissenen Land Kanaan, wo sie sesshaft geworden waren. Es wurde etwa um 1400 vor Christus gebaut und diente in Israel über 400 Jahre als Erinnerung für Gottes Gegenwart.[3]

Jesus: Gott zeltet bei uns

Gott wohnt nicht in Häusern. Er hat deswegen ein Zelt als Ort der Begegnung

---

[3] In einer Rückschau wird die Geschichte von Gottes Zelt bei den Menschen durch den ersten Märtyrer, Stephanus, so zusammengefasst: «Unsere Vorfahren trugen das Bundeszelt mit sich durch die Wüste. Es war genau nach dem Plan angefertigt worden, den Gott Mose gegeben hatte. Und es wurde an unsere Väter weitergegeben und sie nahmen es unter der Führung Josuas mit in das Gebiet, aus welchem Gott die fremden Völker vor ihnen her vertrieben hatte. Und dort blieb das Bundeszelt bis zur Zeit Davids. David fand Gnade vor Gott und bat darum, dem Gott Jakobs einen Tempel bauen zu dürfen. Doch es war Salomo, der das Haus schliesslich erbaute. Aber der Höchste wohnt nicht in Häusern, die von Menschenhand errichtet wurden. Der Prophet sagt: `Der Himmel ist mein Thron und die Erde der Schemel für meine Füsse. Könnt ihr mir ein Haus bauen, das diesem gleichkommt?´, fragt der Herr. `Könnt ihr mir eine Wohnung bauen? Habe ich nicht alles im Himmel und auf der Erde erschaffen?´» Apostelgeschichte 7,44-51

gewählt. Gott zeltet unter uns Menschen, um uns zu begegnen. Dieser Gedanke zieht sich weiter bis zur faszinierenden Beschreibung, wie Gott in seinem Sohn Jesus selber Mensch wird. Sein menschlicher Körper wird – bildhaft gesagt – zu seinem Zelt, um uns zu begegnen. Nichts kann uns deutlicher zeigen, dass Gott wirklich Gemeinschaft mit uns sucht.

Denken wir darüber nach: Ein Zelt ist beweglich und mobil. Es kann in der trockenen Wüste und auch in fruchtbarem Land aufgestellt werden. Es gab zu biblischen Zeiten drei Arten Zelte: Hirtenzelte, Kriegerzelte und Hochzeitszelte. Ein Hirte schlägt sein Zelt in der Nähe seiner Herde auf. Ich übertrage das auf Gottes Sohn: Jesus nennt sich selbst einen guten Hirten, dem die Menschen wie eine Herde anvertraut sind.

> *Er, der das Wort ist, wurde Mensch und lebte (wörtlich 'er zeltete'!) unter uns. Er war voll Gnade und Wahrheit und wir wurden Zeugen seiner Herrlichkeit, der Herrlichkeit, die der Vater ihm, seinem einzigen Sohn, gegeben hat.*
>
> *Johannes 1,14*

Ein Krieger schlägt sein Zelt im Lager auf. Er ist allzeit bereit für den Kampf gegen den Feind. Wo Jesus auftauchte, erlebte er Auseinandersetzungen, Morddrohungen, aber auch geistliche und innere Kämpfe. Jesus erweist sich dabei als «ein starker Held, ein Siegesmann»[4]. Und schliesslich: ein Paar verbringt seine Hochzeitsnacht in einem Zelt. Übertragen auf Jesus: er wird tatsächlich mit einem Bräutigam verglichen und die Gemeinde der Gläubigen mit seiner Braut. Der Vergleich ist gewöhnungsbedürftig. Aber denk darüber nach: was für ein starkes Bild von Begegnung, Nähe und Liebe. Fazit: Gott sucht tatsächlich die Begegnung mit uns. Er begegnet uns in der Person von Jesus: sehr persönlich und nah! Als Hirte, als Krieger und als Bräutigam.

---

[4] Aus dem Lied «Steh auf, Gemeinde Jesu» von Horst und Inge Wallis, © 1990 Christliches Missionswerk "Josua" e.V.

Wir selbst wohnen in einem Zelt

Wie der Körper von Jesus mit einem Zelt verglichen wird, trifft das auch auf unseren Körper zu. Die biblischen Texte gehen hier ziemlich weit: wir alle werden das Zelt unseres Körpers einmal abbrechen, wenn wir sterben.[5] Jetzt aber soll unser Körper ein Zelt der Begegnung mit Gott sein. Wie soll das gehen? Lass zu, dass Jesus durch den Glauben in deinem Leben Raum gewinnt! Richte dein Lebens-Zelt schön her für den guten Hirten, für den sieghaften Erlöser und für den Liebenden, der sich nach der Begegnung mit dir sehnt.

Die ultimative Zelt-Begegnung

Als i-Punkt dieser Zelt-Vergleiche redet auch das letzte Buch der Bibel, die Offenbarung, davon, dass Gott Gemeinschaft mit uns sucht. Und wieder taucht ein Zelt auf: das Zelt Gottes bei den Menschen! Es ist die Vision der Zukunft, in welcher persönliche Begegnung mit Gott das Normale sein wird.

Gott erleben!

Wir können Gott intensiv erleben, wenn wir nicht achtlos an ihm vorübergehen. Wenn wir bereit sind, ihn zu erkennen, ihm persönlich zu begegnen! Wenn du zu den Menschen gehörst, die Gott nie persönlich begegnet sind, ermutige ich dich: Lerne ihn kennen und du wirst ihm begegnen.[6] Wenn du zu den Menschen

Ich hörte eine laute Stimme vom Thron her rufen: «Siehe, die Wohnung Gottes (wörtlich 'das Zelt Gottes'!) ist nun bei den Menschen! Er wird bei ihnen wohnen und sie werden sein Volk sein und Gott selbst wird bei ihnen sein.»
Offenbarung 21,33

---

[5] vgl. 2. Korinther 5,4 und 2. Petrus 1,13f
[6] vgl. Jakobus 4,8, wo steht, dass, wer sich Gott nähert, erfahren wird, wie sich ihm Gott nähert

gehörst, die sich an einer persönlichen Beziehung mit Jesus freuen, ermutige ich dich: hör nicht auf, ihn besser kennen zu lernen! Kennst du Gott als heiligen Gott? Kennst du ihn als Vater? Kennst du ihn als gnädigen Gott? Den kraftvollen Heiligen Geist? Den herrlichen Erlöser Jesus Christus, Gottes Sohn? Denk an die Blume: je tiefer du die Nase hineinsteckst, desto intensiver wird die Begegnung.

Gott will uns begegnen! Er macht immer den ersten Schritt! Er will Gemeinschaft mit uns und schafft Begegnungsorte. Auch heute. Beim Aufschlagen der Bibel begegnest du Gott. In einem Gottesdienst findest du einen Begegnungsort mit Gott. Eine christliche Kleingruppe ist ein «Zelt der Begegnung».

Ja, an einem Treffen meiner Kleingruppe, klagten die meisten, dass ihre Zeit knapp sei. Im Verlauf des Abends stellten wir fest, dass Gott uns darauf aufmerksam machte, grosszügiger mit unserer Zeit umzugehen. Ich ging mit dem Ziel nach Hause, mir Zeit für Begegnungen zu nehmen. Am darauffolgenden Morgen las ich in der Bibel, wie vorbildlich Jesus mit seiner Zeit umgegangen ist. Das sprach mich an: er suchte aktiv Zeit mit seinem himmlischen Vater. Er hat gezielt Zeit frei gemacht, um Gott zu begegnen und zu beten. Einmal, als er gerade Zeit mit dem Vater verbringen wollte, kamen viele Leute zu Jesus. Er konnte seinen Plan, sich allein zurückzuziehen, nicht umsetzen. Aber das warf Jesus nicht aus der Bahn. Er war bereit, für die Menschen da zu sein. Er nahm sich Zeit für Begegnungen. Und dann, nach all diesen Begegnungen, schuf er sich erneut Freiraum, um seinem himmlischen Vater zu begegnen. Er verbrachte viel Zeit mit Beten. Dazu stieg er allein auf einen Berg. Ganz allein mit dem himmlischen Vater. Die ganze Nacht.

Das können wir lernen: Menschen so begegnen, wie Jesus das tat. Und die Begegnung mit Gott zu suchen, wie Jesus es tat. Denn Gott sucht die Gemeinschaft mit uns!

Zum Weiterdenken

1. Es gibt zwei Arten der Begegnung:
   spontan-oberflächlich und persönlich-intensiv. Welcher Art sind deine Begegnungen in deiner Familie, mit deinen Freunden, auf der Arbeit, usw.? Und welcher Art sind deine bisherigen Begegnungen mit Gott? Fallen dir konkrete Beispiele ein?

2. Gott wartet auf dich.
   Er will dir begegnen. Man kann Gott erleben. Er zeltet bei uns. Wie denkst du über diese Aussagen? Was gefällt dir daran? Was stört dich, irritiert dich? Und: gibt es etwas, das du bei dir ändern willst?

Kapitel 2
Gott besucht uns

Gott hat uns etwas Wichtiges zu sagen.

Bereit für die nächste Zeltgeschichte? Es ist die Geschichte eines schäbigen kleinen Stalls, der uns zeigt, dass Gott etwas Wichtiges zu sagen hat. Zwar kein Zelt, aber doch ein Provisorium, wo Gott den Menschen begegnet.

Eine fiktive Geschichte dazu: der Sohn eines Waldeigentümers versucht, ein Ameisenvolk vor der drohenden Abholzung des Waldes zu warnen. Das würde ihre vollkommene Zerstörung sein. Nur reagieren sie auf seine Zurufe nicht. Sie lassen sich nicht vertreiben, selbst als er einen Stein auf ihren Ameisenhaufen fallen lässt. Eine letzte Möglichkeit fällt ihm ein: er muss selbst zur Ameise werden. Als solche kann er in ihrer Sprache sprechen. Sie nehmen ihn wahr. Erst jetzt können sie ihn verstehen. Alle früheren Warnungen haben die Tierchen komplett missverstanden oder ignoriert. Werden sie die Warnungen dieser sonderbaren Sohn-Ameise aber auch beachten, wenn er jetzt klar und verständlich zu ihnen spricht?

Auf Augenhöhe

Das Wichtige, das Gott uns zu sagen hat, ist: Gott besucht uns. Und zwar in der Person von Jesus. Die Bibel bezeichnet Jesus als Sohn Gottes, der in seine Welt kam. Seine Welt? Ja, denn unsere Welt ist Schöpfung, Gottes Schöpfung. Jesus kommt also in sein Eigentum.[7] Gott wird Mensch. Kommt auf Augenhöhe zu uns.

Wie würdest du reagieren, wenn Jesus heute bei uns auf Besuch käme? Wüsste er sich bei dir angenommen, ernstgenommen und verstanden?

---

[7] So formuliert es die Bibel in Johannes 1,11

Dieses Ereignis feiern wir jedes Jahr an Weihnachten. Gott besucht uns. Aber man hatte keinen besseren Platz für ihn als einen Stall, damals, dort in dem Dorf Bethlehem. Viele erkannten nicht, wozu dieses Kind geboren wurde. Viele nahmen ihn nicht an, akzeptierten ihn nicht, als den, der er war: Gottes Sohn, der Mensch geworden war.

Zurück zur fiktiven Geschichte: stell dir die Ameisen vor. Sie sind beschäftigt mit ihren täglichen Arbeiten. Die Katastrophe des Steines, der auf ihren Ameisenhaufen geschleudert worden war, haben sie längst vergessen. Und nun steht diese sonderbare Ameise vor ihnen und redet über Dinge, die sie nicht begreifen können. Wie muss sich dieser ameisen-gewordene Sohn des Waldbesitzers fühlen. Er hat alles gegeben, um die Ameisen zu warnen und ihnen auf diese Weise seine Fürsorge und Güte zu zeigen... Wie würdest du reagieren, wenn Jesus heute bei uns auf Besuch käme? Wüsste er sich bei dir angenommen, ernstgenommen und verstanden?

Nähe

Die Ameisengeschichte kann nicht alles zeigen. Jesus ist nicht nur gekommen, um uns zu warnen. Er ist vor allem auch gekommen, um uns zu zeigen, wie sehr Gott uns liebt: Gott sucht Gemeinschaft mit uns Menschen. Wollen wir das denn überhaupt? Ich denke: ja, eigentlich wollen wir das. Es kann uns eigentlich nichts Besseres passieren!

Dieser Stall von Bethlehem ist eine schäbige, kleine, verdreckte, kalte Hütte - aber er ist ein wunderbarer Ort, denn in diesem Stall wird sichtbar: Gottes Sohn hat den Schritt zu uns gemacht. Er kommt auf uns zu, so dass wir ihn verstehen können. Er macht sich sichtbar, gibt sich zu erkennen, damit wir ihn hören und auf ihn reagieren können. Weihnachten - Gott besucht uns. Das Faszinierende dabei: Jesus klopft auch heute bei uns an.

Jesus klopft an deine Tür

Ich stand vor einer Tür und klingelte. Einmal. Nichts geschah. Ich wusste aber, dass da jemand zu Hause sein musste. Ich klingelte ein zweites Mal.

Nichts geschah...

Ich glaubte, dass die Bewohner mich gehört hatten. Was ging ihnen wohl durch den Kopf, als sie es klingeln hörten? Hilfe, wer steht da vor der Tür? Gefahr naht... Nun, es gibt auch andere Gründe für die Verzögerung. Also wartete ich einige Minuten. Nichts bewegte sich. Hatten sie mich vielleicht doch nicht gehört? Ich ging zum Fenster, schaute hinein. Dann klingelte ich nochmals. Was hätte ich noch tun können? Ans Fenster klopfen. Ich hätte noch rufen können. Ja, wenn ich rufe, dann kann man meine Stimme erkennen und wissen, dass da niemand Gefährliches vor der Türe steht. Endlich ging die Türe auf.

Siehe, ich stehe vor der Türe und klopfe an. Wenn jemand mich rufen hört und die Tür öffnet, werde ich eintreten, und wir werden miteinander essen.

Offenbarung 3,20

Jesus steht vor unserer Lebenstür. Und klingelt. Und klopft. Im Normalfall klopfen wir bei Gott an, wenn wir etwas brauchen - mit einem «Herr-Hilf-Gebet». Aber Jesus klingelt und klopft an unsere Fensterscheiben. Und er ruft! Ja, er spricht zu uns. Das tut er, damit wir erkennen können, wer er ist. Er will mehr als nur der «Herr-Hilf-Mir»- Diener sein. Er wünscht sich Zutritt zu unserem Leben. Er will Gemeinschaft mit uns. Er will uns Begegnung mit Gott ermöglichen. Darum klopft er in unserem Leben an.

Die Lebenstür für Gott öffnen

Ich hörte einigen Leuten zu, die neu zum Glauben an Jesus Christus gefunden hatten. Dabei erfuhr ich, wie Jesus bei ihnen angeklopft hatte. Einige sagten: ich war in einer Krise. Beziehungskrise, berufliche Krise, Schulden, Alkohol, Ritzen... Jemand sagte: 'Mir fehlte der Lebenssinn'. Für andere war es so, dass sie Menschen kennen gelernt hatten, die vorbildlich und glaubensvoll lebten. Das war die Ausgangslage. So klopft's. Besuch steht vor der Türe! Da will dir jemand begegnen! Wer ist es wohl? Gefährlich oder ungefährlich? Will ich mich dafür öffnen?

Oft war es für die Berichtenden nicht klar, was diese «Klopfgeräusche» im Leben bedeuten. Darum hatte Jesus nicht nur geklopft, sondern auch gerufen. Das geschah zum Beispiel im Gespräch mit dem Arbeitskollegen. Oder beim gemeinsam verbrachten Abend mit anderen suchenden Menschen, als die Botschaft von Jesus erklärt wurde. Die liebevolle Hilfe, die man erfahren hatte, war ein Rufen von Jesus. Oder – erstaunlich aber wahr - auch diese leise innere Stimme. Wir haben innere Ohren, und wenn Jesus ruft, ist es für diese inneren Ohren hörbar. Einer dieser Leute sagte: «Es passte einfach alles zusammen.» Und ein anderer: «Es war klar!» Was genau? Es wurde klar, «was Jesus für mich getan hat!» Auf einmal kann man glauben. Und der Glaube wird zu etwas ganz Tiefem, Schönem.

Dann haben diese Menschen ihre Lebenstür für Jesus geöffnet: «Gott kommt in unser Leben». Wow! Gott besucht uns! Ja, mehr: er bringt ein gewaltig grosses Geschenk mit. Und noch mehr: er möchte gleich bei uns wohnen bleiben. Überforderung? Nein, in diesem grossen Geschenk ist alles drin, was es braucht.

Es lohnt sich, die Tür deines Lebens für Jesus zu öffnen. Das ist die Tür zu deinem Denken, die Tür zu deinem Herzen. Gott besucht uns - mach mutig auf!

Bitte eintreten!

Gott kommt in unser Leben - wozu? Jesus sagt: ich will hereinkommen und wir werden miteinander essen. Wo man zusammen isst, erlebt man Gemeinschaft. Dort wird Begegnung persönlich, nicht nur oberflächlich. Wenn wir die Ameisengeschichte weiterdenken, dann hat die Sohn-Ameise ja nicht nur zu den anderen Ameisen gesprochen, sondern hat mit ihnen Zeit verbracht, mit ihnen gearbeitet, mit ihnen gegessen. Beim Essen finden die besten Gespräche statt. Und genau das will Jesus in unserem Leben,

Wo man zusammen isst, erlebt man Gemeinschaft. Dort wird Begegnung persönlich, nicht nur oberflächlich.

unseren Familien, unserer Gemeinde und unserer Gesellschaft. Er will mittendrin sein und Gemeinschaft mit uns haben.

Was geschieht dann? Zurück zu den Menschen, die neu zum Glauben an Jesus gefunden haben - ich habe ihnen ganz genau zugehört habe. Sie erzählten:

«Ich habe Frieden gefunden - einen inneren Frieden.»

«Ich bekam eine neue Liebe. Ich liebe jetzt meine Frau und
meine Kinder anders.» «Es hat sich vieles verändert.»

Jemand sagte sogar, sein Leben verlaufe um 180° anders, seit
er Jesus Zutritt zu seinem Leben gegeben habe

«Ich habe nicht mehr Zweifel.
Ich habe den Lebenssinn gefunden.»

«Ich erlebe Freiheit. Bin nicht mehr unter Zwang.»

Jemand erzählte von seiner körperlichen Heilung, die er erlebt hatte. Viele erzählten, dass sie voller Freude seien, dass Jesus jetzt immer für sie da ist. Sie erzählen darum auch gerne davon weiter. Und viele helfen gerne, haben angefangen, in einer christlichen Gemeinde mitzuarbeiten.

Das alles kann geschehen, wenn wir Gemeinschaft mit Gott haben.

Mein Anliegen: lass es Weihnacht werden in deinem Leben. Egal zu welcher Jahreszeit du dieses Buch liest. Öffne dein Leben für den Sohn Gottes - auch wenn dein Leben im Moment nicht mehr zu sein vermag als ein alter Stall, eine verschmutzte Hütte. Ich zeige dir gerne, wie du deine Lebenstür für Jesus öffnen kannst. Viele Christen sind gerne für dich da, wenn du merkst, dass du Jesus zwar in dein Leben eingeladen hast, aber du diese Gemeinschaft mit ihm nicht wirklich kennst. Lass heute deinen Stall zu seinem Stall werden.

Wenn Information unser grösster Bedarf gewesen wäre,
hätte Gott einen Ausbildner geschickt.

Wenn Technologie unser grösster Bedarf gewesen wäre,
hätte Gott einen Wissenschaftler geschickt.

Wenn Geld unser grösster Bedarf gewesen wäre,
hätte Gott einen Finanzfachmann geschickt.

Wenn Vergnügen unser grösster Bedarf gewesen wäre,
hätte Gott einen Entertainer geschickt.

Aber unser grösster Bedarf ist Vergebung,
darum sandte Gott uns einen Retter.

Roy Lessin

Zum Weiterdenken

1. Klopfen, rufen:
   Welche Ereignisse, Erlebnisse oder Gedanken könnten solche 'Klopf-geräusche', beziehungsweise das Rufen Jesus' in deinem Leben sein?
2. Öffnen, eintreten lassen:
   Was bedeutet es für unser Leben, wenn Jesus in uns «wohnt»? Was gefällt dir an diesem Gedanken? Was stört dich, irritiert dich, macht dich neugierig?

Kapitel 3
Gott zu begegnen verändert unser Herz

Begreife ich wirklich, was Gott mit mir vorhat?

Er will mir begegnen. Er, der unfassbare Gott. Ich, der ganz normale Mensch. Die Begegnung mit Gott lässt mich nicht unverändert. Sie wird mein Herz verändern.

Die Geschichte von Jona ist mir eingefallen. Eine weitere Zeltgeschichte in der Bibel. Der Mann, der von einem riesigen Fisch vor dem Ertrinken gerettet wurde – durch wundersames Verschlucken und Auswürgen. Jona, der endlich Gott gehorchte und den Bewohnern einer gottlosen Stadt ihre Zerstörung androhte. Danach setzte sich der Gottesmann ausserhalb dieser Stadt in Sichtweite nieder und zeltete. Jonas Zelt-Hütte, die er dort vor der Grossstadt Ninive aufgebaut hatte, war nicht als Begegnungsort mit Gott gedacht. Aber Gott nutzte sie trotzdem, um Jona zu begegnen. Diese Begegnung war für Jona nicht angenehm. Aber sie veränderte sein Herz.

Wie sieht es mit deinem Herz aus? Ich erlebe es manchmal, dass sich mein Herz verhärtet. Leider. Ich vermute, du kennst das auch. Lassen wir uns von Jonas Zelterfahrung herausfordern, Gott so zu begegnen, dass er unser Herz aufweichen und beleben kann.

Wenn wir Gott erfahren wollen, sollten wir ihn dort aufsuchen, wo er sich zeigt, anstatt ihn dort zu vermissen, wo er sich nicht zeigen will oder kann.

Im ersten Kapitel sprach ich davon, dass wir Gott erleben, wenn wir ihm begegnen. Für mich ist das eine positive Vorstellung. Etwas, was mich anspornt, mich auf die Begegnung mit Gott einzulassen. Ich weiss aber auch, dass sich nicht alle unter einer Gotteserfahrung so viel vorstellen können. Es lohnt sich darum, weiter darüber nachzudenken, welche Auswirkungen es haben kann, Gott zu erfahren.

Was geschieht, wenn wir Gott erfahren?

Wir begegnen Gott dort, wo er sich zeigt. Gott zeigt sich in der Schöpfung, im Regen und im Sonnenschein. Darin, dass Menschen ernten und etwas zu essen haben. Gott zeigt sich in seinem Sohn Jesus Christus. Und er zeigt sich schliesslich durch seine Botschaft, die wir in der Bibel finden. Und in Menschen, welche mit Gott leben.[8] Wenn wir Gott erfahren wollen, sollten wir ihn dort aufsuchen, wo er sich zeigt, anstatt ihn dort zu vermissen, wo er sich nicht zeigen will oder kann.

Setz dich also in Bewegung und suche die Begegnung mit Gott. Wenn wir das tun, geschieht etwas Faszinierendes: Wir beginnen, ihn zu erkennen. Gott zu erkennen ist ein Schlüsselereignis im Leben jedes Menschen![9] Was ergibt sich daraus?

Wir begegnen ihm persönlich! Es entsteht persönlicher Glaube. Wir kopieren nicht den Glauben der Eltern oder anderer. Wir übernehmen nicht den Glauben der Kirche. Diese können uns als Vorbilder dienen. Aber Gott hat keine Enkelkinder, er hat nur Kinder. Er will die direkte Beziehung zu uns. Auf der persönlichen Ebene. Wir stecken unsere Nase tief in die Realität Gottes hinein. Ein neuer Duft erfüllt unsere Sinne. Es ist mehr als Gefühl. Es ist das stärkste, was es gibt: Liebe! Eine eindrückliche Bibelstelle sagt es so aus:

> *Ihn liebt ihr, obwohl ihr ihn nie gesehen habt. Obwohl ihr ihn*
> *nicht seht, glaubt ihr an ihn; und schon jetzt seid ihr erfüllt von*
> *herrlicher, unaussprechlicher Freude. Das Ziel eures Glaubens*
> *wird die Rettung eurer Seelen sein.*
>
> *1. Petrus 1,8-9*

---

[8] vgl. die Bibelstellen in Römer 1,21; Apostelgeschichte 14,15-17; Johannes 1,14
[9] vgl. die Bibelstellen in Johannes 17,3; 2. Petrus 1,2-12

Dann geschieht das Wunderbare: wir erfahren Gott und unser Leben verändert sich. Seine mächtige Kraft wirkt in uns mehr, als wir es uns auch nur ausdenken, erhoffen oder erbitten würden.[10]

Entdecke deine Berufung

Das, was ich jetzt schreibe, klingt nach Mystik, nach innerlichen, seelisch-spirituellen Erfahrungen. Darum geht es mir aber nicht. Es geht mir darum, dass wir durch die Begegnung mit Gott alltagstauglich ausgerüstet werden. Es geht darum, dass er uns seine Absichten für unser Leben zeigen kann. Es geht letztlich um die Frage, welchen Sinn im Leben und welche Berufung wir haben. Das war bei Jona so. Und das ist heute nicht anders.

Ich erinnere mich, wie in mir bereits als Kind der Wunsch entstanden war, Pfarrer zu werden. Ich hielt diesen Wunsch für verrückt, unpassend, ja sogar für arrogant. Darum prüfte ich in der Phase der Berufswahl auch andere Ausbildungen. Dabei verdichtete sich von Jahr zu Jahr, von Monat zu Monat die Sicht für meine Berufung. Dies geschah auf unterschiedliche Arten: durch Überlegungen, durch Bibelstellen, durch Erfahrungen, die ich als Antworten auf meine Gebete erkannte, durch ermutigende und prophetische Zusprüche anderer. Ich glaube, Gott ist mir auf all diese Arten immer wieder begegnet, um mir seine Berufung mitzuteilen.[11]

Wir erfahren Gott und unser Leben verändert sich.

Nun, ich bin felsenfest überzeugt, dass Gottes Berufung sich nicht nur auf Tätigkeiten erstreckt, die etwas mit Kirche, Gemeinde oder Mission zu tun haben. Bist du Mutter oder Vater oder hast du Eltern, so hast du eine Berufung für deine Familie. Deine Arbeit ist Beruf, dein Beruf ist Berufung. Dein öffentliches, soziales, politisches oder kulturelles Engagement ist Berufung.

---

[10] vgl. Epheser 3,20
[11] Mit dem Akronym BERUV merke ich mir fünf Wege, wie Gott uns führt: Bibel, Eindrücke, Rat der Weisen, Umstände und Vernunft.

Deine Nachbarn gehören zu deiner momentanen Berufung, denn du lebst dort nicht zufällig. Natürlich kannst du das auch anders sehen. Du kannst das alles als Schicksal, als Zu- oder als Unfall bezeichnen. Du kannst deine Arbeit rein karrieremässig betrachten. Denk für jetzt einfach einmal quer! Entdecke diese Dinge als deine Berufung von Gott! Und noch mehr…

Was geschieht, wenn wir unsere Berufung zu leben beginnen?

Wir lernen durch Widerstände mutig zu glauben. Hier ist mir der Apostel Petrus ein Vorbild: da wackelte sein Boot höchst bedenklich im stürmischen See, einige Meter davon entfernt steht Jesus mitten im Wasser und sagt nur: «Ich bin's.» Er lädt Petrus ein, auf dem Wasser zu gehen. Unvorstellbar mutig, dieser eine Schritt aus dem Boot hinaus. Aufs Wasser. Kein Mensch kann auf dem Wasser gehen. Jesus, der menschgewordene Gott, tat's doch. Und Petrus durfte es auch versuchen. Das konnte Petrus nur, weil er einen Ruf und eine Vision hatte: er wollte zu Jesus gehen, der ihn gerufen hatte – egal über welchen Weg es führte.[12]

Im Auftrag Gottes an uns steckt die Vision der Befreiung für unsere Mitmenschen!

Wenn wir eine Berufung für unser Leben erhalten, die uns als Lebensvision dient, lernen wir, alles im Glauben anzupacken. Das war der eigentliche Grund, warum Gott Jahrtausende zuvor das Opfer von einem gewissen Abel annahm, aber das Opfer seines Bruders Kain ablehnte: Abel brachte sein Opfer unter unmittelbarer Einwirkung des Glaubens dar. Er vertraute Gott, er vertraute sich Gott an, er gab sich Gott hin. Abel zählt darum zu den Glaubensvorbildern, von welchen die Bibel im Hebräerbrief, Kapitel 11 eine ganze Liste aufführt.

---

[12] Diese Geschichte findest du in der Bibel, in Matthäus 14,22-33

Das Jona-Phänomen

Gottes Berufung oder Lebens-Vision löst in uns das Jona-Phänomen aus: unsere Art zu Denken wird korrigiert. Jona war da eine harte Nuss. Er wollte seine Berufung zuerst gar nicht annehmen. Er hätte ja in der assyrischen Grossstadt Ninive eine Warnung herauspredigen sollen. Er tat genau das Gegenteil: er bestieg ein Schiff, das ihn zum Urlaub nach Spanien bringen sollte. Gott führte ihn in der Folge zu einer intensiven Gottes-Begegnung im heftigen Sturm und im stickigen Fischbauch. Diese Situation berührte Jonas Herz so, dass er Gott wieder suchte, anstatt ihm weiterhin davon zu laufen. Er war bereit, Gottes Berufung und Vision ein zweites Mal zu hören. Einverstanden, es ist nicht eine sehr ansprechende Berufung, der Grossstadt Ninive deren Untergang anzukündigen. Vor Jonas innerem Auge entstand aber eine Vision, die sich aus seiner Berufung ergab. Es war die Vision, dass die Vernichtung Ninives seine Berufung bestätigen würde. Was er dabei nicht merkte: seine Vision entsprach nicht Gottes Vision. Gottes Sicht ist weiter und grösser als unsere eigenen Gedanken. Ja, Gott freute sich darüber, dass diese Menschen in Ninive sich warnen liessen und zu ihm umkehrten. Und so verschonte er sie. Er hatte Jonas Berufung genutzt, um Tausenden von Menschen ein neues Leben zu ermöglichen. Und um gleichzeitig noch in viel tiefere Schichten von Jonas Herz einzudringen und dieses im Innersten zu verändern. Gehen wir auf diese Herzensveränderung Jonas jetzt näher ein.

Die Vision der Befreiung

Im Auftrag Gottes an uns steckt die Vision der Befreiung für unser Volk!

Jona soll drohen. Das ist die bekanntere Seite seiner Berufung. Jona hatte aber nicht nur diese Gerichtsbotschaft. Jona offenbarte gleichzeitig im Land Israel eine neue Blütezeit. Er war ein Verkündiger der Vision, die Gott für Israel hatte.[13]

---

[13] Vergleiche das Jonabuch mit 2.Könige 14,25-27.

Gut zu wissen: Israel war zu Jonas Zeit kein Volk mehr, das nach Gottes Geboten lebte. Und doch blieb Gott ihnen treu, denn es heisst: «Der Herr sah den bitteren Jammer Israels an...» Er rettete sie durch den israelitischen König Jerobeam II, der von 788 bis 748 v.Chr. regierte.

Assyrien war der brutale Hauptfeind. Erstaunlicherweise war Assyrien in letzter Zeit nun sehr schwach geworden und bedrängte die von ihnen unterworfenen Völker nicht mehr. Ninive war sowohl Residenz-Stadt des Königs als auch religiöses Zentrum von Assyrien, nördlich der heutigen Stadt Mossul im Nordirak gelegen. Das umliegende Stadtgebiet mit vier lokalen Zentren zog sich über 30 Kilometer hin, während die eigentliche Stadt Ninive immer noch von einer 13 Kilometer langen Stadtmauer umgeben war. Hier wohnten je nach Quelle um 120'000 Einwohner. Der König war Staatsoberhaupt und gleichzeitig höchster Priester. Ja, Ninive war eine altehrwürdige Stadt mit Tradition und mit grosser Ausstrahlungskraft.

Jonas drohende Predigt in Ninive löste sehr viel aus! Die Einwohner von Ninive bereuten ihr gottloses Verhalten. Und die geplante Vernichtung der Stadt wurde durch Gott aufgehoben. Ja, mehr noch: Ninive und Assyrien erstarkten wieder. Nur wenige Jahrzehnte später eroberten sie Samarien, das Nordreich Israel. Erst viel später wurden die Assyrer von den Babyloniern geschlagen und als Weltmacht abgelöst.[14]

Gottes Vision: sein Einfluss soll unter den Menschen zunehmen.

Lass mich dies auf unsere Zeit übertragen. Gott hat eine Vision für die Menschen. Nämlich ihre Rettung und dass sie Gott erkennen.[15] Auch hat Gott eine Vision für die Ausbreitung seines Reiches – sein Einfluss soll unter den Menschen zunehmen – nicht als staatliches Gebilde, sondern als durch Liebe

---

[14] Die Eroberung Samariens geschah um 722 v.Chr. Die Eroberung Assyriens durch Babylon war 626 v.Chr, Ninive wurde um 612 v.Chr. zerstört. Dieses Ereignis wurde vom Propheten Nahum vorausgesagt.
[15] So steht es in 1.Timotheus 2,4

motivierte, dienende Präsenz in dieser Welt. Ich bin überzeugt: Wer Gott kennt, ist ein Verkündiger dieser Vision. Gott kann jeden brauchen. Sogar Jona. Sogar mich. Sogar dich. Das ist unsere Berufung.

Abwehrende Denkmuster

Abwehrende Denkmuster sind für Gott kein Hindernis. Kennst du abwehrende Denkmuster, die auf ein hartes Herz hinweisen können? Da gibt es dieses deutliche «Ich will eigentlich nicht, was Gott will - darum fliehe ich vor ihm». Das kann äusserlich geschehen, indem wir genau in der entgegengesetzten Richtung fortlaufen. Das kann aber auch innerlich geschehen, indem wir uns schmollend zurückziehen. Jona hat beides ausprobiert.[16]

Dann stelle ich auch ein zweites abwehrendes Denkmuster fest: «Wenn etwas schiefläuft, tötet mich doch, dann ist das Problem beseitigt». Hast du auch schon solche Drohungen gehört? Vielleicht hat sich da jemand nicht gerade den Tod gewünscht, aber auf eine andere Art ausgesprochen: «Ich kündige. Ich bin dann mal weg.» Jona tat es mindestens zweimal.[17] Wir wären bei ihm in guter Gesellschaft.

Aber Gott lässt sich davon nicht hindern, seinen Plan zu verfolgen und seine Vision Realität werden zu lassen! Nachdem Jona dann endlich doch in Ninive die Vernichtungs-Nachricht hinaus posaunt, trifft ein von ihm nicht beabsichtigter Effekt ein: quer durch die ganze Stadt beginnen die Leute, Gott anzubeten.

Wir lernen – und das entlastet ja auch: Gott kann auch durch uns wirken, wenn unsere Motive nicht hundertprozentig rein sind. Oft mache ich mir das bewusst, wenn ich nach einer Predigt feststelle, dass ich nicht bei allen Teilen gleich nah an Gottes Herzschlag dran war. Oder wenn ich mein Kind mit zu harter Stimme korrigiert habe.

---

[16] Steht im Jonabuch, Kapitel 1,3 und Kapitel 4,1.
[17] Jona 1,12; 4,3.8

Dennoch wäre es falsch zu denken: «Gott wirkt durch mich, also brauche ich mich im Herzen nicht verändern zu lassen. Es reicht ja, wie's jetzt ist...» Vielmehr will er unsere Herzen, unser Denken, unsere Motive mit seiner Vision durchdringen. Das biblische Wort dafür heisst «heiligen». Wozu das? Damit seine Liebe noch mehr durch uns durchleuchten kann.

Gott begegnet uns, um uns zu verändern

Gott holt Jona einmal ab - ohne Worte, mit Sturm und Fisch: Jona wendet sich wieder persönlich Gott zu. Sein ergreifendes Gebet wird in Jonas Buch in Kapitel 2 beschrieben. Jetzt gehorcht er. Gottes Begegnungsort war im Sturm und im Fisch.

Gott holt ihn ein zweites Mal ab. Diesmal mit drei Fragen. Gottes Begegnungsort war dieses Zelt aus Laub ausserhalb der Stadt Ninive. Und eine schattenspendende Rizinus-Pflanze, welche Jona erfreute, aber nach kurzer Zeit wieder verdorrte.

Welches sind die drei Fragen?

«Ist es recht, dass du deshalb zornig bist?»[18]

Das ist eine harte Frage für ein verhärtetes Herz. Hat Jona nicht das Recht, zornig zu sein? Schliesslich hat Gott ihn als Prophet vor 120'000 Menschen blamiert. Es ist doch verständlich, dass sein Stolz verletzt ist. Das ist auch der Grund, warum er Gott dessen Barmherzigkeit zum Vorwurf macht! Jona ist zur Eifersucht gereizt worden - weil er Gott zwar kennt, aber nicht erkennt. Gottes Herz ist grösser, als es Jona lieb ist. Die Barmherzigkeit Gottes gilt allen!

---

[18] Jona 4,4

«Ist es richtig von dir, wegen des Rizinusstrauchs so zornig zu sein?»[19]

Verhärtete Herzen werden sich oft über Kleinigkeiten aufregen, weil sie unter einer Grund-Unzufriedenheit leiden. Anstatt aus der Fülle Gottes zu leben, die uns Jesus in Johannes 10,10 schmackhaft macht, leben sie aus der Schein-Kraft ihrer eigenen Hartherzigkeit.

«Sollte ich eine so grosse Stadt nicht schonen?»[20]

Ein Dieb will rauben, morden und zerstören. Ich aber bin gekommen, um ihnen das Leben in ganzer Fülle zu schenken.

Johannes 10,10

Die dritte Frage ändert die Blickrichtung komplett. Das harte Herz beginnt sich aufzuweichen. Es reagiert beschämt, weil es feststellt, von sich aus, aber nicht von Gott aus überlegt zu haben. Beschämt über die Kurzsichtigkeit der eigenen Vision gegenüber der umfassenden Vision Gottes.

Liebe ist ansteckend. Und Gott hofft, dass Jona etwas davon mitbekommt, sodass er sie in seinem Leben weitergeben kann. Und ich hoffe, dass wir, du und ich, von dieser ansteckenden Liebe Gottes stark erfasst werden. Sei ein Verkündiger der Vision Gottes! Der Vision, dass seine Barmherzigkeit allen Menschen gilt, die ihn annehmen!

---

[19] Jona 4,9
[20] Jona 4,11

Zum Weiterdenken

1. Entdecke deine Berufung und wachse darin:
   Kannst du dir vorstellen, dich für eine grössere Sache einzusetzen? Auch wenn diese grössere Sache Gottes Vision und Berufung ist? Wie würdest du deine Berufung beschreiben?

2. Lass Gottes drei Fragen dein Herz herausfordern und verändern:
   Ist es recht, dass du deswegen zornig oder eifersüchtig bist? Regst du dich vielleicht nur wegen einer Kleinigkeit auf, die dir einen Nachteil bringt? Sollte Gott, nur um dir zu gefallen, seine Barmherzigkeit für andere zurückhalten – oder solltest nicht eher du bereit sein, dein Denken korrigieren zu lassen?

Kapitel 4
Keine falschen Schuldgefühle mehr

Lebe ich im Schatten oder in der Realität?

Stell dir vor, du begegnest deinem Vater und kannst ihm mit geradem Blick in die Augen schauen, ohne ein schlechtes Gewissen zu haben! Stell dir vor, du stehst am Montagmorgen auf und du siehst eine ganze Woche vor dir - aber du hast kein schlechtes Gewissen – und auch nicht am Ende der Woche, sogar wenn du dein Wochensoll nicht erfüllt hast! Stell dir vor, deine Nachbarin bittet dich um Hilfe - ihr Mikrowellenofen muss dringend gerade jetzt ins Geschäft zur Reparatur gebracht werden - und du sagst einfach 'Nein', weil das jetzt nicht geht, ohne ein schlechtes Gewissen zu haben.

Stell dir vor, du triffst dich mit deinen Freunden und ihr fragt euch untereinander: «Wie hast du die letzte Woche erlebt?» Du erzählst von deinen Stärken und Erfolgen und von deinen Schwächen und bekennst deine Sünden - aber ohne dieses nagende Gewissen voller Schuldgefühle, das dir einredet, dass du es schon wieder nicht geschafft hast!

Jemand hat eine interessante Behauptung aufgestellt: als Christen glauben wir, dass Jesus unsere Schuld getragen und vergeben hat; aber es gibt in unserer Gesellschaft kaum andere Leute, die mehr unter Schuldgefühlen leiden, als die Christen. Das hat seinen Grund: unser Gewissen wird sensibler, wenn wir aufrichtig mit Gott unterwegs sind. Aber ist es wirklich Gottes Absicht, dass wir nach der Hinwendung zum Glauben häufiger mit einem schlechten Gewissen rumlaufen als vorher?[21] Das kann nicht sein.

Es gibt in unserer Gesellschaft kaum andere Leute, die mehr unter Schuldgefühlen leiden, als die Christen

---

[21] Harald Sommerfeld, in ‚No more blues – Glauben ohne Schuldgefühle', S.3

***

Zwischenbemerkung: Begriffsklärung

Das Kapitel über das Gewissen hat mich seit dem ersten Niederschreiben mehr beschäftigt, als ich erwartet hatte. Ist es gut ein schlechtes Gewissen zu haben? Wann kann mein Gewissen rein sein? Gerne zeige ich dir hier meinen Vorschlag, die Begriffe zu klären:

Gutes Gewissen

Ich fühle mich ruhig, getröstet, bestätigt in meinem Verhalten, Reden und Denken.

Schlechtes Gewissen

Ich empfinde Trauer, Reue, Unruhe, Schuld- oder Schamgefühle.

Reines Gewissen

Mir ist keine Sünde bewusst und ich kann mit geradem Blick jedem in die Augen schauen – auch Gott.

Unreines Gewissen

Mir ist meine Sünde bewusst, ich habe 'Dreck am Stecken'.

Krankes Gewissen

Funktioniert nicht richtig, sondern zeigt entweder ständig Warnungen in Form von Schuldgefühlen oder Minderwertigkeitsgefühlen, oder aber ist stumpf, sogar abgestorben und reagiert gar nicht mehr.

Gesundes Gewissen

Ist ein gereinigtes Gewissen, das gut funktioniert. Es gibt uns Gewissensruhe und gibt als schlechtes oder gutes Gewissen Signale, wie wir aus Gottes Wort und Kraft leben können.

***

Gereinigtes Gewissen

Ich behaupte, dass es möglich, ja sogar gut ist, ein reines Gewissen zu haben. Bevor du den Warnfinger aufhebst und sagst: «Hey, hier musst du auf-

34

passen! Da stimmt doch etwas nicht», lies doch bitte einfach, was ich dazu zu sagen habe.

Das haben sie damals vor 500 Jahren schon Martin Luther gesagt. Er hatte diese gewaltige Erkenntnis, wie wir vor Gott gerecht werden können. Mit anderen Worten: wie wir ein reines Gewissen vor Gott bekommen können. Nicht durch Opferbringen. Nicht durch Schuld-Ablass

Glauben heisst, das Herz ganz und ungeteilt Gott hingeben und so in Gemeinschaft mit ihm stehen.

Bezahlen. Nicht durch gute Werke. Sondern allein durch den Glauben an Jesus Christus. Das war für ihn das absolut befreiende Aha-Erlebnis. Das hat seine Reformation vorangetrieben. Der Motor, dass eine Kirche sich reformiert, sich erneuert, ist der Glaube, dass Jesus allein unsere Gewissen reinigen und uns gerecht machen kann. Eine Gerechtigkeit, die vor Gott gilt.

Aber was hat Luther zu hören bekommen? «Dr. Martin Luther. Ihre Lehre produziert laue Christen. Die Leute werden passiv, wenn sie nichts für ihre Gerechtigkeit tun müssen ausser nur zu glauben.» Das stimmt aber nicht. Glaube ist nicht nur ein billiges Werk, welches alle andern Opfer und Werke ersetzt. Das erklärte dann auch Luther: Glaube ist ein Geschenk Gottes. «Glauben heisst, das Herz ganz und ungeteilt Gott hingeben und so in Gemeinschaft mit ihm stehen.»[22]

Organ der Seele

Als ich eine Begegnung mit Gott in neuer Frische suchte, bin ich auf einen Text in der Bibel gestossen: Hebräer 10. Ich will hier in zwei Kapiteln diesen Text näher betrachten. Dabei bitte ich Gottes Heiligen Geist, uns die Augen für diese Wahrheit zu öffnen. Hebräer 10 spricht vom Gewissen. Damit wir kein Durcheinander haben, zeige ich zuerst auf, was denn eigentlich ein Ge-

---

[22] Zitiert in Schmidt: Kirchengeschichte S.311

wissen ist.

Das Gewissen[23] ist ein kleines Wunder. Nennen wir es ein Organ der Seele. So wie das Herz oder das Gehirn Organe unseres Körpers sind, so ist das Gewissen ein Organ unserer Seele. Jeder Mensch, der auf die Welt kommt, bekommt sein Gewissen angeboren. Die Griechen nennen das Gewissen 'syneidesis'. Das bedeutet: ein Mitwisser, der ständig unser Tun und Denken beurteilt. Wie ein Virenschutzprogramm, das im Hintergrund mitläuft. Wenn es etwas Verdächtiges registriert, dann taucht eine Warnung auf. Landläufig nennen wir diese Warnung ein schlechtes Gewissen.

Nun - wie jedes andere Organ auch - kann das Gewissen sich entweder gut entwickeln, gesund und stark werden, oder es kann verkümmern und krank werden oder gar absterben. Ein gesundes Gewissen ist also ein Gewissen, das gut funktioniert. Wie ein lernfähiges Virenschutzprogramm, welches die neuesten Updates heruntergeladen hat und alle Speicher und Prozesse im Überblick hat. Es wird dann mit Traurigkeit, Scham oder Schuldgefühlen reagieren, wenn wir wirklich neben dem Ziel vorbeigeschossen sind. Sprich: wenn wir sündigen. Ein krankes Gewissen dagegen funktioniert nicht gut. Entweder tauchen ständig Warnungen auf - auch wenn nichts vorgefallen ist. Schuldgefühle – ohne Unterscheidung, ob ich schuldig bin oder nicht. Schamgefühle – mit der innerlich wachsenden Überzeugung, dass ich nicht nur Fehler mache, sondern selbst ein Fehler bin. Oder aber es zeigt gar nichts mehr an. Man ist gewissenlos geworden.

Wie das Gewissen funktioniert

Was passiert, wenn du nun durch deine Taten, Worte oder Gedanken schuldig wirst? Mit einem gesunden Gewissen bekommst du berechtigterweise ein schlechtes Gewissen. Als Folge siehst du die Schuld ein und verdrängst sie

---

[23] Nebst Harald Sommerfeld („No more blues") haben mich auch Gedanken von Herbert John Jantzen, zu finden unter www.sermon-online.de („Anthropologie – vom Gewissen"), inspiriert.

nicht. Dein gesundes Gewissen bewegt dich dazu, das Problem deiner Schuld zur Lösung zu bringen. Du bekennst dich vor Gott schuldig und nimmst die Vergebung von Jesus an. Dein gesundes Gewissen wird jetzt wieder zu einem reinen, guten Gewissen. Es gibt keine Anklage mehr, weil die Schuld durch Jesus weggenommen worden ist! Jesus hat die Sache für dich in Ordnung gebracht. Du bist nur noch schuldig, ihn zu lieben. Je nach Situation bringst du die Sache mit Betroffenen in Ordnung und trägst die Konsequenzen. Aber Schuldgefühle sind hier nicht mehr angebracht. Es braucht keine Warnmeldungen mehr, denn das gefährliche Virus wurde entdeckt, isoliert und vernichtet.

Wenn du zwar ein gesundes Gewissen hast, aber aus irgendeinem Grund deine Schuld nicht in Ordnung bringen willst - was ja eigentlich schon seltsam ist - kann dein Gewissen nicht mehr rein sein. Diese Verunreinigung greift dein Gewissen an. Es reagiert zunächst noch mit Warnsignalen. Je länger dieser Zustand andauert, desto mehr verkümmert dein Gewissen. Aus dem gesunden Gewissen wird ein krankes Gewissen. Ein krankes Gewissen kann nicht mehr unterscheiden, was echte Schuld ist und was man sich nur eingeredet hat. Entweder spielt dein Gewissen jetzt verrückt oder es wird stumm.

Freund, verstehst du: wenn ich sage 'keine falschen Schuldgefühle mehr', dann sind wir mitten in dem, was unseren Glauben im Kern ausmacht. Wenn du ständig ein schlechtes Gewissen verspürst, dann bist du auf halbem Weg stehen geblieben.

Gott sehnt sich danach, dass seine Gemeinde an den verschiedensten Orten auf dieser Welt in Gottesdiensten zusammenkommt. Aber nicht, um uns ständig daran zu erinnern, wie schlecht wir sind, sondern um uns eindrücklich zu belegen, wie gnädig und gut er selbst ist. Darum feiern wir Gottesdienste!

Ich denke, jetzt sind wir bereit, in Hebräer 10 einzutauchen. Zieh die Tauchausrüstung an!

In der Schattenwelt

Das Gesetz brachte also nur einen Schatten des Zukünftigen
und nicht die Wirklichkeit der himmlischen Güter.
Hebräer 10,1a

Ein Gesetz zeigt auf, wann Schuld vorliegt. Aber kein Gesetz hat die Kraft, uns aus Schuld zu befreien. Was bleibt? Im besten Fall ein gesundes Gewissen, das ein Bewusstsein für unserer Sünde hat. Im schlechtesten Fall ein krankes oder totes Gewissen, welches vor dem Bewusstsein der eigenen realen Schuld ausweicht.

Das Gesetz kann Schuld zeigen, aber nicht daraus befreien. Darum ist das Gesetz nur ein Schatten. Wo aber ein Schatten ist, muss auch ein Gegenstand sein, der den Schatten wirft. Diesen Gegenstand nennt Hebräer 10 das Zukünftige, beziehungsweise die Wirklichkeit der himmlischen Güter. Der Schatten ist nur eine projizierte Kontur davon.

Wenn dein Herz in Schuldgefühlen gefangen ist – egal ob dein schlechtes Gewissen berechtigt ist oder nicht, dann bist du nur im Schattenreich des Gesetzes, aber nicht in der Wirklichkeit dessen, was Gott für uns bereithält.

Das Gesetz kann Schuld zeigen, aber nicht daraus befreien. Darum ist das Gesetz nur ein Schatten.

Warum wird diese Wirklichkeit das Zukünftige genannt? Sie ist zukünftig von der Zeit aus gesehen, als dem Volk Israel das Gesetz vorgelegt und als verbindlich übergeben wurde. Zuerst schloss Gott mit dem Volk Israel seinen Bund und sie konstruierten das Zelt der Begegnung, die Stiftshütte. Erinnerst du dich, dass Mose die Stiftshütte nach einem himmlischen Vorbild bauen liess (Kapitel 1)? Das Zelt der Begegnung war ein Schatten des himmlischen Originals. Gleichzeitig gab Gott seinem Volk das Gesetz, dessen Kernstück die Zehn Gebote sind. Die Israeliten hörten es, akzeptierten es, fürchteten Gott darum, brachen es, ignorierten es. Um dann wieder zu bereuen, umzukehren, Gnade bei Gott zu suchen, sich erneut zu verpflichten. Das Gesetz ist sehr gut. Aber es hat nicht die Kraft, unser Leben nachhaltig zu verändern. Das Gesetz vermittelt uns eine oberflächliche Begegnung mit Gott. Es ist nur ein Schatten davon, was in einer persönlichen Begegnung mit Gott entstehen kann. Das Zukünftige aus der Sicht des Gesetzes ist aus unserer heutigen Sicht bereits Geschichte: Gott besuchte uns!

Schattenwelt erlebst du auch heute: du lebst nach hohen Idealen, hast eine humanistische Einstellung, bist für den Frieden auf der Welt und für Klimaschutz und gegen Rassen- und Geschlechterdiskriminierung. Diese Ideale entsprechen dem, was Hebräer 10 über das Gesetz sagt. Sie sind gut. Aber sie sind nur Schatten der himmlischen Realität. Ideale können dich antreiben, Gutes zu tun. Sie zeigen aber auch, wo wir schuldig werden. Und – es ist leider so – auch die besten Ideale können vorgefallene Schuld nicht bereinigen. Darum ist der Klimaschutz-Ruf von Greta Thunberg so eindringlich. Darum fegen Bewegungen wie Black-Lives-Matter oder #metoo mit alarmierendem Apell über den Globus. Die guten Ideale werden mit Füssen getreten, die Menschheit ist schuldig geworden – und es gibt keinen Weg, um die Schuld wieder gut zu machen, ausser Schadensbegrenzung. Es bleibt ein bohrendes Bewusstsein für Schuld, ein schlechtes Gewissen. Das ist die Schattenwelt. Sie weist auf eine himmlische Wirklichkeit hin.

Schuld-Management

Zur Schattenwelt der Israeliten gehörte ein Gottesdienst, der ständig an die Fehler erinnerte. Ein Gottesdienst mit blutigem Opfer:

Die Opfer wurden Jahr für Jahr wiederholt, doch sie konnten denen, die zur Anbetung[24] kamen, keine vollkommene Reinigung schenken. Wäre dies der Fall gewesen, dann hätte es keine Opfer mehr gegeben, denn die Opfernden wären ein für

---

[24] Andere Übersetzung: zum Gottesdienst

alle Mal gereinigt gewesen, und sie hätten ein reines Gewissen.

Hebräer 10,1b-2

Stell dir das vor! Die Israeliten gingen Jahr für Jahr mit ihren Opfertieren in die Stiftshütte. Wie sehnten sie sich nach einem Opfer, das sie komplett und für immer von ihrer Schuld befreien könnte. Wie sehnten sie sich nach einem vollständig reinen Gewissen.

Ich sehne mich auch danach. Und nach einem Gottesdienst, der uns nicht ständig an unsere Fehler erinnert, sondern uns zeigt, dass wir durch ein wirksames Opfer ein für alle Mal gereinigt sind. Das würde uns in eine total andere Realität katapultieren! Wenn es das gäbe, dann hätten wir ein reines Gewissen. In Hebräer 10 steht wörtlich: «sie hätten kein Mitwissen der Sünde mehr». Also: kein Bewusstsein der Sünde mehr! Warum? Weil die Sünde tatsächlich vergeben und die Schuld beglichen ist! Was weg ist, kann unser Bewusstsein nicht mehr belasten.

Die Opfer haben nicht die dazu notwendige Kraft. Opfer können für einen kurzen Moment das Gewissen befreien. Aber sie erinnern uns letztlich nur daran, dass wir Sünder sind und bleiben.

Ich beobachte auch heute eine Opferpraxis. Es sind keine Tieropfer, wie damals. Aber die Wirkung ist dieselbe. Es geht um solche Opfer, die dein Gewissen für einen kurzen Moment entlasten. Ist dein ehrenamtliches soziales oder kirchliches Engagement ein solches Opfer? Oder sogar dein letzter Gottesdienstbesuch? Beruhigst du dein schlechtes Gewissen, indem du deine Unterschrift unter eine Petition für mehr soziale Gerechtigkeit oder für weniger Abtreibungen setzt? Oder indem du Mitglied beim Roten Kreuz oder beim WWF wirst? So gut dies alles sein mag, wenn wir es aus Schuldgefühlen heraus machen, wird es uns nur kurzfristig beruhigen.

Auch das gehört zur Schattenwelt: Opferst du den Wunsch nach Gemeinschaft, weil dich - vermeintlich - andere Leute in deiner reinen Beziehung zu Jesus stören? Oder opferst du deine Leidenschaft zu singen, weil du das irgendwann einmal irgendjemandem versprochen hast. Oder weil du denkst:

wenn ich schön singe, könnte ich stolz werden - und dann hätte ich kein reines Gewissen mehr?

Was alles bist du bereit, auf den Opferalter zu legen, in der Hoffnung, ein reines Gewissen zu bekommen? Lass dir sagen: es wird dir kein bleibend reines Gewissen bringen. Du bleibst in der Schattenwelt. Wie die Israeliten:

> *Doch das Gegenteil geschah. Die jährlichen Opfer erinnerten*
> *sie Jahr für Jahr erneut an ihre Sünden. Denn das Blut von*
> *Stieren und Böcken kann keine Sünden fortnehmen.*
> *Hebräer 10,3-4*

Wenn wir unsere Sünden zu managen versuchen, werden wir dieselbe Erfahrung machen. Ja, auch die beste Beratung, das beste Coaching, der beste Einsatz für eine gerechtere Welt, die beste Kirche kann keine Schuld wegnehmen. Der Schritt aus der Schattenwelt in die himmlische Realität ist nur durch ein wirksames Opfer möglich.

Willkommen in der Realität

> *Deshalb sprach Christus, als er in die Welt kam: »Du wolltest*
> *keine Opfer und keine Gaben, doch du hast mir einen Leib gegeben. Du hattest keine Freude an Brandopfern oder an anderen Sündopfern. Da sprach ich: `Sieh her, ich bin gekommen,*
> *um deinen Willen zu erfüllen, o Gott - so wie es in deinem Buch*
> *über mich geschrieben steht.´« Hebräer 10,5-7*

In Jesus Christus wurde Gott ein Mensch - «du hast mir einen Leib gegeben»[25] - und er kam, um den Willen Gottes, des Vaters zu erfüllen. Was ist der Wille des Vaters? Der Wille des Vaters ist, dass wir gerettet werden und

---

[25] Vergleiche Johannes 1,14, wo steht, dass Jesus als Wort Gottes Fleisch und Blut geworden ist.

die Wahrheit erkennen - also in die Wirklichkeit eines reinen, guten Gewissens eintreten, weil unsere Schuld tatsächlich vergeben ist.[26] Und der Wille des Vaters ist, dass wir für die Zugehörigkeit zu Gott gereinigt werden. «Der Wille Gottes ist eure Heiligung.»[27] «Heilig» bedeutet: ausgesondert für Gott. Es geht also um unsere persönliche Beziehung zu Gott und darum, dass wir lernen, in seinem Willen zu leben. Um das zu ermöglichen, hat Gott uns besucht, ist Gottes Sohn Mensch geworden. Das Zukünftige traf ein. Die himmlische Wirklichkeit berührte die Erde.

Christus sagte: »Du wolltest keine Opfer und keine Gaben und keine Brandopfer und keine anderen Sündopfer, noch hattest du Freude daran«, obwohl sie nach dem Gesetz gefordert waren. Hebräer 10,8

Stimmt! Das Gesetz und die Opfer waren von Gott gefordert. Die Leute haben nichts Falsches gemacht. Aber sie blieben auf halbem Weg stecken. Die Opfer gehören zur Schattenwelt und wollen Sehnsucht wecken nach dem Licht, das den Schatten wirft. Sehnsucht nach der himmlischen Wirklichkeit. Wenn du im Schattenreich bist, wenn über deinem Gewissen Schatten schweben, dann habe ich dir eine gute Nachricht: Jesus ist gekommen, um dich weiter zu bringen.

Gewissensruhe

Und er fügte hinzu: »Sieh her, ich bin gekommen, um deinen Willen zu tun.« Er hebt den ersten Bund auf, um den zweiten einzusetzen. Und Gott will, dass wir durch das Opfer des Leibes von Jesus Christus ein für alle Mal geheiligt werden. Hebräer 10,9-10

---

[26] Siehe 1.Timotheus 2,4
[27] 1. Thessalonicher 4,3

Jetzt verstehen wir die Aussage: «du hast mir einen Leib gegeben» noch besser. Jesus löste unser Problem nicht vom Himmel aus. Das Problem, dass wir schuldig vor Gott sind, uns schämen und eine gemeine Angst vor dem Tod oder sogar vor Gott in uns verspüren. Um dieses Problem zu lösen, wurde Gottes Sohn Mensch. Jesus ist gekommen, um für uns den Schritt aus dem Schatten in die himmlische Realität möglich zu machen.

Darum brechen und essen Christen im Abendmahl das Brot, von dem Jesus gesagt hat: «Das ist mein Leib, der für euch gegeben ist.» Der Leib von Jesus ist das Opfer! Und zwar das stellvertretende Opfer, das uns ein für alle Mal rein und heilig macht. Genau das ist doch der Wille Gottes: dass seine Menschen in seiner Gemeinschaft sind und ihm persönlich begegnen. Darum macht er uns heilig - ausgesondert für Gott.

«Ein für alle Mal» - verstehst du, was das heisst? Dass Jesus am Kreuz starb, ist ein einmaliges Opfer, das genügt. Du musst deine Sünden nicht mehr managen oder bedecken. Denn wenn Sünden vergeben sind, sind sie beseitigt. Unser Gewissen wird vollständig gereinigt und kann zur Ruhe kommen, wenn wir dieses Geschenk der Vergebung im Glauben an Jesus annehmen. Gewissensruhe. Nicht mehr das nagende Schuldgefühl eines kranken Gewissens. Nicht mehr das niederdrückende Bewusstsein, ein zu verdammender Sünder zu sein und zu bleiben. Das Organ unserer Seele, das Gewissen, der Mitwisser und Anzeiger von Gutem und Bösem in unserem Leben wird rein und gesund. Die neue Identität lautet: ein für alle Mal geheiligt. Der neue Standpunkt: gereinigt für die Zugehörigkeit zu Gott.

Jesus ist gekommen, um für uns den Schritt aus dem Schatten in die himmlische Realität hinein möglich zu machen.

Willkommen in der himmlischen Realität! Du brauchst nicht vom Alphalivekurs zur Glaubenskonferenz, vom Gottesdienst zur Kleingruppe, vom Gebetsspaziergang zum Bibellesen zu rennen, um dein Gewissen zu beruhigen. Geh du lieber vom Alphalivekurs zur Glaubenskonferenz, vom Gottesdienst zur Kleingruppe, vom Gebetsspaziergang zum Bibellesen und freu dich mit einem reinen Gewissen. Weil das Opfer von Jesus genügt.

Nur so kann dein Gewissen sich zu einem gesunden, feinen, gut funktionierenden, sensiblen Organ der Seele entwickeln, welches es dir ermöglicht, ein Leben lang Gewissensruhe zu haben.

Schatten- oder Wirklichkeits-Gottesdienst

Richten wir unseren Blick nun auf die Gottesdienste, in welchen die ganze Kirche weltweit über alle Generationen zusammenkommt, um Gott zu verherrlichen, um von Gott ermutigt zu werden, um auch korrigiert zu werden. Hier wird die Gemeinde von Jesus gesammelt und aufgebaut und wir werden ausgerüstet und gesendet, um Jesus im Alltag zu bezeugen.

Feiern wir Gottesdienst nach dem Muster der Schattenwelt, dann ist das alles mit einem schlechten Gewissen verbunden. Feiern wir Gottesdienst nach der Wirklichkeit, die wir durch Jesus kennen gelernt haben, dann ist das befreiend. In Hebräer 10 spricht Gott genau über diesen Punkt zu uns:

Sonst steht der Priester Tag für Tag vor dem Altar und bringt
Opfer dar, die niemals Sünden wegnehmen können. Dieser
Hohe Priester dagegen brachte sich selbst Gott als ein Sündopfer dar, das für alle Zeit wirksam ist. Dann setzte er sich auf den
höchsten Ehrenplatz an Gottes rechter Seite. Dort wartet er, bis
seine Feinde zu einem Schemel unter seinen Füssen erniedrigt
werden. Denn durch dieses eine Opfer hat er alle, die er heiligt,
für immer vollkommen gemacht. Auch der Heilige Geist versichert uns das. Er sagt: »Dies ist der neue Bund, den ich an jenem Tag mit dem Volk Israel schliessen werde«, spricht der
Herr: »Ich werde ihr Denken mit meinem Gesetz füllen, und ich
werde es in ihr Herz schreiben.«
Hebräer 10,11-16

Die Gegensätze der beiden Gottesdienstarten sind sehr deutlich:

Schattenreich durch Gesetz und Opfer: ein Gottesdienst, der ein schlechtes Gewissen macht	**Wirklichkeit durch Jesus: ein Gottesdienst, der sich an der Vergebung freut**
• regelmässig neu Opfer bringen	• ein für alle Mal wirksames Opfer
• ein alter Bund	• ein neuer Bund
• Priester im Heiligtum	• Hohepriester Jesus im Himmel
• das Gesetz kommt von aussen an uns heran – wir können es nicht halten	• das Gesetz ist durch den Heiligen Geist in uns und formt unser Gewissen
• kein bleibend reines Gewissen	• ein bleibend reines Gewissen

Gewissensfrage

Es geht um ein bleibendes gesundes und reines Gewissen. Nicht um falsche Schuldgefühle oder ein abgetötetes Gewissen, sondern um eines, das gut funktioniert - wie ein gut funktionierendes Virenschutzprogramm im Hintergrund eines Computers.

Und er fügt hinzu: »Und ich werde nie wieder an ihr Unrecht und ihre Sünden denken.« Wenn Sünden vergeben worden sind, ist es nicht mehr notwendig, Opfer zu bringen.
Hebräer 10,17-18

Darf ich dich mit einer Frage herausfordern? Lebst du im Schattenreich oder kennst du die Wirkung des Opfers von Jesus? Versuchst du, durch irgendwelche Aktionen oder Opfer dein Gewissen zu beruhigen, oder kannst du tatsächlich glauben, was Gott hier sagt: «ich werde nie wieder an ihr Unrecht und ihre Sünden denken»?

Komm zu Jesus - heute! Tritt aus dem Schatten. Hör auf, so zu tun, als würdest du Opfer bringen. Das kann dir ja doch kein bleibend reines Gewissen geben. Nimm das Opfer von Jesus an! Es braucht kein weiteres Opfer! Komm!

Was wir mit dieser Lehre machen

Ein Wort noch: es ist schade, dass diese wunderbare Sache unter dem Namen des Evangeliums der Gnade verfälscht wird. Ein Christ, der einmal die Vergebung für seine Sünden angenommen hat, so wird manchmal gelehrt, brauche nie mehr um Vergebung zu bitten. Denn er habe sie schon empfangen. Konsequenterweise müsse man dann aufhören, das Vater Unser zu beten, wo es heisst: «Vergib uns unsere Sünden». Ich liebe das Evangelium und ich lebe von der Gnade. Hebräer 10 spricht darüber, dass wir durch den Glauben an das einmalige Opfer von Jesus für immer in die Gemeinschaft mit Gott aufgenommen werden. Wir sind heilig im Sinn unseres Standpunktes bei Gott. Hebräer 10 spricht aber nicht von dem Prozess der Lebensveränderung, der Heiligung. Nicht davon, wenn ich als Christ wieder sündige. Und auch nicht davon, dass so zentrale Lehren von Jesus, wie das Vater Unser, aus dem Wortschatz der Gemeinde gestrichen werden sollten. Ich empfehle zu dieser Thematik gerne Michael Browns faires Buch «Gnade ohne Ende? – Die moderne Gnadenbewegung».

Und noch etwas zu den Gottesdiensten, zu diesen Festen, bei welchen wir die Realität von Jesus Christus feiern. Wenn du ein überzeugter Christ bist, aber im Schattenreich lebst - du hast Schuldgefühle oder ein abgestumpftes Gewissen, du bist ständig dran, Opfer zu bringen - dann wirst du alles, was in einem Gottesdienst geschieht und gesagt wird, mit falschen Ohren hören. Wenn eine Aufforderung kommt, hörst du: schon wieder etwas, das ich nicht getan habe. Dabei ist die Aufforderung als Erinnerung gedacht, dass der Heilige Geist mit dir etwas Neues schaffen will. Wenn wir von Sünde reden oder vom Teufel, hörst du: das ist Schwarzmalerei; wenn das wirklich so wäre, dann wäre ich verloren. Dabei reden wir von der Sünde, um zu zeigen, dass es eine Erlösung gibt und dass die Macht der Sünde überwunden ist. Es gibt

Sieg. Also komm auch du vom Schatten ans Licht. Und hier gilt: keine falschen Schuldgefühle mehr.

Zum Weiterdenken

1. Das Gewissen als Organ der Seele:
   Was gefällt dir an den Ausführungen über das Gewissen? Was empfindest du als hilfreich? Was weniger?

2. Schattenwelt oder himmlische Wirklichkeit:
   In welchen Bereich passen deine persönlichen Erfahrungen mit deinem Gewissen?

3. Nimm dir diese Kernsätze aus Hebräer 10 zu Herzen:
   Das Gesetz brachte also nur einen Schatten des Zukünftigen und nicht die Wirklichkeit der himmlischen Güter. (Vers 1)
   Und Gott will, dass wir durch das Opfer des Leibes von Jesus Christus ein für alle Mal geheiligt werden. (Vers 10)
   Und er fügt hinzu: »Und ich werde nie wieder an ihr Unrecht und ihre Sünden denken.« (Vers 17)

Kapitel 5
Eintritt in Gottes Privatraum

Gott lädt uns ein!

Nachdem ich mit einem Freund in einem griechischen Restaurant ein wunderbares Essen genossen hatte, suchte ich die Toilette auf. Bei meiner Suche kam ich an einer Tür mit der Aufschrift «Privat» vorbei. Manchmal nimmt es mich schon Wunder, was sich hinter solchen Türen verbirgt. Aber um das zu erfahren müsste ich wohl zur Familie der Eigentümer gehören.

Wenn ich an einer Baustelle vorbeikomme und durch das Gitter der Abschrankung hindurchschaue, habe ich vermutlich ein Schild vor der Nase: «Zutritt für Unbefugte verboten». Wer um alles in der Welt ist eigentlich 'befugt'? Was kann ich dazu beitragen, um selbst zu diesem Kreis der 'Befugten' zu gehören und ohne schlechtes Gewissen diese Baustelle betreten zu können? Vielleicht müsste ich mich einfach an den Bauführer wenden und um eine Führung bitten. Oder ich müsste mich als Bauarbeiter anstellen lassen...

In einem Museum gibt es Abschrankungen - weil man nicht will, dass die Besucher an den wertvollen Gegenständen herumfingern. In Kirchen gibt es heilige Regionen, die nur ganz besondere Leute betreten dürfen.

Gottes Privatraum

So war es auch im Tempel von Jerusalem: je näher man zum Zentrum des Tempels herankam, zum sogenannten Allerheiligsten, desto weniger Leute waren befugt, dorthin zu gehen. Der vorletzte Raum, das Heiligtum, war vom Allerheiligsten durch einen dicken Vorhang getrennt. Es war Gottes Privatraum im Tempel. Dort stand die Bundeslade, darin waren die Steintafeln mit den zehn Geboten und weitere wichtige Erinnerungsstücke deponiert. Nur einmal pro Jahr durfte der oberste der israelitischen Priester, der Hohepriester, in dieses Allerheiligste hineingehen. Wozu? Um Versöhnung zwischen den Menschen und Gott zu bewirken.

Das Allerheiligste des Tempels in Jerusalem war nur ein Raum in einem Gebäude auf der Erde. Aber es war eine Kopie eines himmlischen Originals. Ein Schatten davon, wie Gottes Privatraum tatsächlich aussieht. Mose durfte in einer Vision ins wirkliche Allerheiligste hineinschauen[28]. Davon war in Kapitel 1 schon die Rede. Der Prophet Jesaja sah das

Ein reines Gewissen zu haben, bedeutet, freien Zutritt zu Gottes Privatraum zu haben!

himmlische Allerheiligste als Thronsaal Gottes[29]. Dem ersten christlichen Märtyrer Stephanus öffnete sich während seines letzten Verhörs der Himmel vor den Augen [30] und später warf auch der Apostel Paulus einen Blick in Gottes Privatraum[31]. Es war für alle eine enorme Erfahrung. Es war eine Begegnung mit dem lebendigen Gott. Irgendwie verständlich, dass das himmlische Allerheiligste ein Ort mit der Aufschrift «Privat - Zutritt für Unbefugte verboten» ist. Dort darf nicht einfach jeder hineingehen.

Aber du kannst auch zu den Befugten gehören! Zu denen, welche zu Gottes Privatraum Zutritt haben. Zu denen, welche die heiligen Regionen betreten dürfen. Das hat mit dem Thema des letzten Kapitels zu tun: ein reines Gewissen zu haben, bedeutet, freien Zutritt zu Gottes Heiligtum zu haben! Wie geht das? Und was bedeutet das? Gehen wir auf die zweite Hälfte von Hebräer 10 ein und achten auf das, was der Heilige Geist uns damit sagen will.

In Gottes Gegenwart kommen

Deshalb, liebe Freunde, können wir jetzt zuversichtlich in das Allerheiligste des Himmels hineingehen, denn das Blut von Jesus hat uns den Weg geöffnet. Das ist der neue, lebendige

---

[28] 2. Mose 25,40
[29] Jesaja 6,1-4
[30] Apostelgeschichte 7, 55f
[31] 2. Korinther 12,2-4

Weg durch den Vorhang, den Christus durch seinen Tod für
uns eröffnet hat. Da wir also einen grossen Hohen Priester
haben, der über das Volk Gottes eingesetzt ist, wollen wir mit
aufrichtigem Herzen in die Gegenwart Gottes treten und ihm
ganz und gar vertrauen.
Denn unsere Herzen wurden mit dem Blut Christi besprengt,
um unser Gewissen von Schuld zu reinigen, und unsere Körper
sind mit reinem Wasser gewaschen!
Hebräer 10,19-22

Habe ich zu viel versprochen? Du gehörst zu den Befugten! Und zwar nicht erst, nachdem du als gläubiger Mensch gestorben bist um dann - wie man so schön sagt - in den Himmel zu kommen. Sondern es heisst hier, dass du jetzt den Zutritt in den Himmel und in die Gegenwart Gottes hast. Dabei ist nicht gemeint, dass dies durch eine Vision geschieht. Auch nicht durch eine super-geistliche Erfahrung oder eine Entrückung in die unsichtbare Welt. Nein, das Reich des Himmels ist ganz nah herangekommen - so hat es Jesus gesagt. Es ist uns näher als unsere eigene Haut. Du wirst befugt, zu diesem Reich des Himmels dazuzugehören.

Während meines Studiums bewohnte ich ein Zimmer bei einem älteren Ehe-paar. Als ich zum ersten Mal vor der Haustür stand, hatte ich keinen freien Zutritt, weder ins Haus noch in mein Zimmer. Wenn ich mir den Zutritt selbst verschafft hätte, wäre das wohl nicht ohne schlechtes Gewissen geschehen. Ich klingelte, dann wurde mir geöffnet, die Vermieter haben mich willkommen geheissen und mir einen Schlüssel ausgehändigt. Einmal in der Woche hatte ich nicht nur Zutritt ins Haus und mein Zimmer, sondern ich hatte Zutritt in die Wohnung meiner Vermieter. Das war für mich das Allerheiligste, der Mittags-tisch, ein Gläschen Wein, ein feines Essen, Geschichten aus dem Leben hö-ren, lachen, nachdenken... Ohne schlechtes Gewissen, sondern mit Zuver-sicht und aufrichtigem Herzen konnte ich jeweils die Wohnung dieser lieben Leute betreten. Warum? Weil ich befugt war!

In Gottes Privatraum ist ein gedeckter Tisch für uns. Wir haben nicht nur einmal pro Woche Zutritt, sondern ständig! Im Psalm 23 heisst es: «Ich werde bleiben im Hause des Herrn für immer!» Wir brauchen uns nicht zu schämen, auch dann nicht, wenn wir uns nicht gerade würdig verhalten haben. Wenn du den Zutritt hast, dann hast du ihn wirklich. Egal, was passiert ist!

Unwürdig und doch eingeladen

Es gibt viele Gründe, warum wir uns schämen könnten, um Gott nah zu sein. Wir denken, wir seien nicht würdig, wir seien nicht befugt. Wie der Mann, der einmal vor den israelitischen König David gerufen wurde[32]. Er hatte zwei Probleme, für welche er sich gewaltig schämte, und die ihm grosse Angst einflössten. Das erste Problem war Feindschaft: er war ein Nachkomme von Davids Erzfeind Saul. Das zweite Problem war Makel: er war durch einen Unfall körperlich schwer behindert. Er hatte Angst, dass David ihn nur gerufen hatte, um ihn zu bestrafen, zu quälen. Aber David sagte: «Mefi-Boschet, ich schenke ich dir alles zurück, was deinem Grossvater Saul gehört hat, und du bist eingeladen, immer, jeden Tag, mit mir zu essen. Du gehörst von jetzt an zu meiner Familie.»

So ist es auch mit der Einladung in die Gegenwart Gottes. Wie ist es möglich? Ist es nicht so, dass das Allerheiligste durch einen dicken Vorhang abgetrennt war. Ist es nicht so, dass nur der Hohepriester dort hineindurfte? Ja, das war einmal! Aber weisst du, was geschah, als Jesus am Kreuz für deine und meine Sünden starb? Der Vorhang im Tempel zerriss von oben nach unten, wie wenn eine riesige Hand eine Papierserviette zerreisst.[33] Der Zugang zum Begegnungsort mit Gott war ab sofort offen.

---

[32] Die Geschichte von Mefi-Boschet wird in 2.Samuel 9 erzählt.
[33] Dieses eindrückliche Ereignis wird gleich dreimal im Neuen Testament erzählt: in Matthäus 27,51; Markus 15,38; Lukas 23,45.

Das Blut Jesus' reinigt unser Herz und befreit unsere Gewissen von Schuld. Verstehen wir das? Unser Gewissen, dieses Organ der Seele, dieses angeborene Virenschutzprogramm, welches unser Denken und Verhalten immer überprüft, dieses Gewissen ist befreit von Schuld. Es ist nichts mehr da, was das Gewissen belasten kann. Weil Jesus uns vergibt. Das Blut Jesus' schenkt uns ein gutes Gewissen und ein reines Herz.

Der Vorhang ist zerrissen.

Der Weg ist frei!

Komm!

Der zerschlagene Körper Jesus' entspricht dem zerrissenen Vorhang, der vor dem Privatraum Gottes zerfetzt herunterhängt. Er ist der offene Weg ins Allerheiligste, in die Gegenwart Gottes. Der Weg ist offen, wir haben freien Zugang.[34] Ohne schlechtes Gewissen, sondern mit Zuversicht und Mut, mit aufrichtigem Herzen und voller Vertrauen, dass das Opfer von Jesus genügt.

Der Vorhang ist zerrissen. Der Weg ist frei! Komm!

In Gottes Gegenwart leben

Wir sind nun in den Privaträumen Gottes angekommen. Wir geniessen seine Aussage: Du bist mein Kind.[35] Was mir gehört, gehört auch dir. Nimm es in Anspruch.[36] Ich werde nie mehr an dein Versagen und dein Unrecht denken.[37] Du bist rein.[38]

Wir dürfen hier in der Nähe Gottes bleiben, voller Zuversicht und Gewissensruhe. Dieses Phänomen nennt man auch Heils-Gewissheit. Sorry für dieses umständliche Wort. Es beschreibt die persönliche, innere Überzeugung, dass

---

[34] In Römer 5,1-2 wird beschrieben, dass wir den Zugang ganz schlicht und einfach durch Glauben haben.
[35] Nach Johannes 1,12 bedeutet Glauben, Jesus Christus aufzunehmen. Dadurch wird einem Menschen das Privileg und das Recht verliehen, Kind Gottes genannt zu werden.
[36] Das sagt der Vater zu seinem älteren Sohn im Gleichnis der verlorenen Söhne, Lukas 15,31; vgl. Römer 8,17: wir sind Erben Gottes und Miterben mit Jesus Christus
[37] Hebräer 10,17
[38] Hebräer 10,19.22

du durch den Glauben an Jesus zu den Befugten gehörst. Heilsgewissheit hat mit einem gesunden, reinen Gewissen zu tun. Sie entsteht, indem der Heilige Geist in uns diese Überzeugung hineinlegt, dass wir Kinder Gottes sind.[39]

Lange bevor ich das Wort «Heilsgewissheit» kannte, erlebte ich genau das: als ich damals als Kind zum Glauben an Jesus kam, erfüllte mich eine unglaubliche Freude. Etwas geschah mit mir, was mir die bleibende Erkenntnis schenkte, dass ich zu Gott gehöre. Ich weiss, nicht alle erleben das gleich, wie ich. Einige kämpfen mit Bedenken, mit Zweifel. Das hängt manchmal an Minderwertigkeitsgefühlen, manchmal an persönlichem sündigem Verhalten, manchmal an erfahrenem Missbrauch oder der Lebenslüge, unwürdig zu sein. Heilsgewissheit wird nicht verdient. Sie ist ein Geschenk Gottes, das du im Glauben an Jesus empfängst.

Hier in der Gegenwart Gottes wird es uns klar, dass wir nicht wieder rausgehen wollen, den alten Mist unseres Lebens hervorholen und unser Gewissen damit unrein machen. Auch wenn unser Herz uns anklagt, wenn unser eigener Perfektionismus uns in die Schattenwelt stellt, oder wenn uns jemand manipulativ ein schlechtes Gewissen machen will, uns ins Minus redet, sogar dann, wenn Satan höchstpersönlich uns anklagen

Ein gesundes Gewissen zu haben, bedeutet, Veränderung an sich geschehen zu lassen.

und verleumden will, wissen wir: Gott ist grösser. Jesus hat die Anklage auf sich genommen - ein für alle Mal, wirksam, real und wirklich. Ich kann mit gutem Gewissen der Gegenwart und Liebe Gottes begegnen.[40]

Uns wird langsam, aber sicher klar, dass wir nicht die Alten bleiben werden. Ja, dass sich unser Leben im Heiligtum Gottes verändert. Ein gesundes Ge-

---

[39] Die Aussage in Römer 8,16 beschreibt das hervorragend.
[40] Lies dazu 1. Johannesbrief 3,20 und Römer 8,31ff.

wissen zu haben bedeutet, diese Veränderung geschehen zu lassen. Ein gesundes Gewissen zu haben heisst, in der Berufung und im Auftrag Gottes zu leben. Hierzu gibt uns der Hebräerbrief drei starke Impulse.

Motivierende Gemeinschaft

Der erste Impuls: Investiere dich in eine lebensverändernde Gemeinschaft unter Gottes Gegenwart.

Deshalb wollen wir weiter an der Hoffnung festhalten, die wir

bekennen, denn Gott steht treu zu seinen Zusagen. Spornt

euch gegenseitig zu Liebe und zu guten Taten an. Und lasst

uns unsere Zusammenkünfte nicht versäumen, wie einige es

tun, sondern ermutigt und ermahnt einander, besonders jetzt,

da der Tag seiner Wiederkehr näher rückt!

Hebräer 10,23-25

Eine lebendige Gemeinde hat die Vision, dass jede und jeder einen ansteckenden und spürbaren Glauben entwickeln kann.

Ansteckend? Der hat einen ansteckenden Glauben, von dem du nach der Begegnung mit ihm sagst: wow, diese Überzeugung und dieses Gott-Vertrauen, das möchte ich auch haben. Es scheint mir, dass der in den Privaträumen Gottes war.

Spürbar? Die hat einen spürbaren Glauben, von der du nach der Begegnung mit ihr sagst: wow, das ist Glaube, der in ihrer Liebe ganz praktisch geworden ist.

Solcher ansteckender uns spürbarer Glaube fliegt uns nicht einfach zu. Darum heisst es hier: spornt euch gegenseitig an. Wo machen wir das? Dort, wo wir als Gläubige zusammenkommen. Nutzen wir all diese Gelegenheiten, wo wir uns als Gemeinde und mit den Menschen unserer Umgebung treffen. Wie machen wir das? Indem wir einander ehrliche und liebevolle Feedbacks und Ermutigungen geben. Und indem wir uns gegenseitig helfen, zu verstehen, was Gott uns sagen will. Das ist der Sinn einer Predigt, der Zweck von gemeinsamem Bibelstudium oder der Prozess von Jüngerschaft in Weggemeinschaften.

Bewusste Lebensveränderung

Der zweite Impuls: Hör auf, in Gottes Gegenwart mutwillig weiter zu sündigen.

Denn wenn wir bewusst weiter sündigen, nachdem wir mit Gottes Hilfe die Wahrheit erkannt haben, gibt es kein anderes Opfer mehr für diese Sünden. Dann bleibt nur noch das furchtbare Warten auf das göttliche Gericht und das wütende Feuer, das seine Feinde verzehren wird. Jeder, der sich weigerte, das Gesetz des Mose zu befolgen, wurde auf die Aussage von zwei oder drei Zeugen hin getötet. Wie viel schrecklicher wird die Bestrafung für den ausfallen, der den Sohn Gottes mit Füssen tritt, das Blut des Bundes verachtet, durch das er geheiligt wurde, und den Heiligen Geist verhöhnt, ohne den er Gottes Gnade nicht erkannt hätte.
Denn wir kennen den, der gesagt hat: »Ich will Rache nehmen. Ich will Vergeltung üben an denen, die es verdienen.« Er sagte auch: »Der Herr wird sein Volk richten.« Es ist schrecklich, in die Hände des lebendigen Gottes zu fallen.
Hebräer 10,26-31

Als ich einmal mit Freunden in einer Stadt war, fanden wir einen aussergewöhnlichen Laden. Um ihn zu betreten, stiegen wir zuerst die Treppe hinunter. Dort wurden schwarze und dunkle Gegenstände zum Verkauf angeboten. Wir gingen hinein und sahen uns um. Schauerlich. Dann sprach uns die Verkäuferin an: «Seid ihr Christen?» Wir bejahten. Sie bat uns, den Laden zu verlassen. Draussen sagte mein Freund zu mir: «Hast du die Fussmatte gesehen?» «Nein.» «Auf der Fussmatte war Jesus am Kreuz abgebildet...»

Der Sohn Gottes wird mit Füssen getreten. Eine Fussmatte. Wer macht so etwas? Das macht, wer den Himmel geschmeckt hat, wer durch den Vorhang ins Allerheiligste hineingeschaut hat, aber sich dann wieder abwendet. Das macht, wen der Heilige Geist so weit gebracht hat, dass er versteht und glaubt: 'Jesus nimmt meine Schuld weg, er reinigt mein Gewissen!' - aber der nicht wirklich diese Reinheit in der Gegenwart Gottes will. Wer das tut, verhöhnt den Heiligen Geist und macht Jesus zu einer Fussmatte, wer - wie es Hebräer 10,26 sagt - bewusst weiter sündigt.

Was heisst 'bewusst' oder 'mutwillig weiter sündigen'? Das geschieht, wenn wir zwar die Erkenntnis über Jesus bekommen haben, aber andauernd die gute Nachricht von Jesus Christus missachten. Und wenn wir andauernd bewusst und absichtlich Sünde in unserem Leben behalten, selbst wenn unser Gewissen sie anzeigt. Wenn wir uns an diesen Zustand gewöhnen, dann erklären wir das Opfer Jesus' für ungültig. Gottes Wort zeigt uns klar: es bleibt dir kein anderes Opfer mehr. Du hast den einzig möglichen Weg für dich abgelehnt. Und dein Gewissen wird krank.

Darum die Aufforderung: hört auf, mutwillig, extra und vorsätzlich weiter zu sündigen. Das ist lebensgefährlich. Und es passt nicht in die Privaträume Gottes.

Hoffnung auf Belohnung

Der dritte Impuls: Denk im Vertrauen auf Jesus an deine grosse Belohnung in der Gegenwart Gottes. Es ist unsagbar, was für eine Dynamik sich entwickelt, wenn du das wirklich glaubst: dein Vertrauen hat eine grosse Belohnung.

Erinnert euch an die Zeit, als ihr die Wahrheit Gottes gerade
erst erkannt hattet: Damals musstet ihr viel ertragen, aber ihr
habt geduldig durchgehalten. Manchmal wurdet ihr in aller
Öffentlichkeit verspottet und misshandelt; manchmal habt ihr
anderen geholfen, denen es so erging. Ihr habt mit denen

mitgelitten, die im Gefängnis waren. Als man euch euren Besitz
wegnahm, habt ihr das voller Freude hingenommen, denn ihr
wusstet ja, dass ihr etwas Besseres besitzt, das ihr nie
verlieren werdet. Werft dieses Vertrauen auf den Herrn nicht
weg, was immer auch geschieht, sondern denkt an die grosse
Belohnung, die damit verbunden ist!
Hebräer 10,32-35

Wie ist das möglich?

Was ihr jetzt braucht, ist Geduld,
damit ihr weiterhin nach Gottes Willen handelt.
Hebräer 10,36a

Wir brauchen Geduld und Ausdauer, damit wir nicht aufhören, nach Gottes Willen zu handeln. Wir brauchen es, in Gottes Gegenwart zu bleiben. Und wir haben es nötig, die Versprechen Gottes zu kennen und einander daran erinnern.

Stell dir vor, du schlitterst in ein schwieriges Problem, das dich sehr belastet. Die Sorgen sind so gross wie Wellen. Gerade jetzt brauchst du jemand, der dich daran erinnert: 'Denk daran, Jesus hat eine Belohnung für uns bereit. Komm, wir beten! Und danach schauen wir, was Gott tun wird.'

Dann werdet ihr alles empfangen, was er versprochen hat.
Hebräer 10,36b

In Gottes Gegenwart bleiben

Es verändert uns, wenn wir in der Gegenwart Gottes leben. Eigentlich bedeutet das: es verändert uns, wenn wir eine persönliche Beziehung zu Gott haben und auch pflegen. Es verändert uns, dass wir uns in eine Gemeinschaft investieren, die wirklich Zukunft hat. Es verändert uns, dass wir damit aufhören, bewusst und andauernd in Sünde zu leben. Sünde ist Zielverfehlung.

Und es verändert uns, dass wir im Vertrauen auf Jesus geduldig werden und fest mit seiner Belohnung rechnen. Wir müssen uns nicht selbst bedienen.

Die letzte Aussage aus Hebräer 10 ist ein ermutigender Zuspruch. Diesen will ich besonders denen zusprechen, die unsicher geworden sind, ob sie vielleicht doch zu den Menschen gehören, die mutwillig sündigen. Wenn du so denkst, dann bist du sicher nicht betroffen. Komm, lebe und bleibe in der Gegenwart Gottes:

> *»Nur noch eine kurze Zeit, dann wird der erscheinen, der*
> *kommen soll, und sein Kommen wird sich nicht verzögern.*
> *Durch den Glauben hat ein Gerechter Leben. Doch wer sich*
> *von mir abwendet, an dem habe ich keine Freude.« Aber wir*
> *sind nicht wie die Menschen, die sich von Gott abwenden und*
> *so in ihr Verderben rennen. Weil wir an unserem Glauben*
> *festhalten, werden wir das Leben bekommen.*
> *Hebräer 10,37-39*

Gott begegnet uns – und das setzt uns frei. Die Begegnung mit ihm verleiht uns Leben! Nach diesen zwei Kapiteln über Hebräer 10 ist es wieder Zeit für eine Zeltgeschichte. Die Hütte Davids wird wiederhergestellt werden, so sagte es der Prophet Amos voraus.

Zum Weiterdenken

1. Der Zugang zu Gottes Privatraum:
   Was löst es bei dir aus, durch Jesus befugt und gewürdigt zu sein, Gottes Gegenwart zu erleben?

2. Die Impulse zu Gemeinschaft, Lebensveränderung und Belohnung:
   Welchen dieser drei Impulse willst du dir zu Herzen nehmen?
   Bleiben bei dir Fragen offen?

Kapitel 6
Gott begegnen in meinem Willen

Was fällt dir zur Zahl 9-11 ein?

Hast du schon einmal drüber nachgedacht, dass alles Zerstörerische eigentlich eine Verdrehung von etwas Gutem ist? Da hat jemand die Dinge auf den Kopf gestellt!

Zum Beispiel in der Musik: Musik ist etwas Geniales, von Gott Geschaffenes. Musik besteht aus Rhythmus. Da geht unser Körper mit. Musik besteht aus Klängen, die über Schallfrequenzen an unser Trommelfell pochen. Von dort wird die Vibration über die Gehörknöchelchen ans Innenohr weitergeleitet, wo eine Flüssigkeit in Bewegung gesetzt wird, in welcher ganz feine Härchen das Signal aufnehmen. Diese wiederum leiten das empfangene Signal weiter ans Gehirn und dort wird die wahrgenommene Schallfrequenz in einen gehörten Ton umgesetzt - Tonhöhe, Lautstärke, Klangfarbe - all das kann gehört werden. Und gleichzeitig wird über diese Musik Text übertragen. Und wir hören: «Haaaaaaaaaaaaaalleluja, haaaaaaaaaaaaaaaaaleluja, halleluja, halleluja, halleeeeelujaaaaaa!» Sagenhaft![41]

Gutes auf den Kopf gestellt

Aber diese göttlich-gute Musik kann verdreht werden, auf den Kopf gestellt werden. Ich war Ende der Neunziger-Jahre mit einer Teenagergruppe in einem Camp von Kriegsflüchtlingen aus dem Balkan. Wir gestalteten einen Spielnachmittag. Dabei lernten wir einen jungen Mann kennen, einen Musiker, der selbst Kriegsflüchtling war. Er hatte mit den Kindern in diesem Camp eigene Lieder und auch Gedichte eingeübt, die sie uns dann voller Stolz vortrugen. Wir verstanden kein Wort. Aber die Kids sprachen die Gedichte sehr eindringlich aus. Ich habe jemanden um eine Übersetzung gebeten und er-

---

[41] Tipp: Geh auf YouTube und suche nach «Halleluja Flashmob».

fuhr, dass es Texte voller Hass auf die Kriegsfeinde waren. Das schockierte mich. Ich weiss, was für eine Kraft in der Musik steckt. Musik kann Leute zusammenschweissen, kann motivieren und anspornen. Wie oft hat mir ein Lied, das ich als Kind gelernt habe, schon geholfen, hat mich an etwas erinnert und mir wieder Kraft gegeben. Und dann stelle ich mir vor: diese Kinder im Flüchtlingscamp haben Hasslieder verinnerlicht. Ich bin sicher: heute fallen diesen inzwischen erwachsenen Kindern von damals genau diese Lieder wieder ein und schüren ihren Hass auf die Feinde von damals - und vielleicht auch auf ihre heutigen Feinde. Das ist ein Missbrauch der Musik, denn hier reagiert man auf Hass und Zerstörung mit noch mehr Hass, Zerstörung und Trennung der Völker.

Die Welt vom Kopf auf die Füsse drehen

Kommen wir zu 9-11. Dieser Angriff auf die Twin-Towers in New York im Jahr 2001 war purer Hass, brachte Zerstörung und Trennung der Völker. Die Welt steht Kopf. Aber wenn wir das Geschehene vom Kopf auf die Füsse stellen könnten, dann würden wir erkennen, was Gott wirklich will.

Überlegen wir mal: es gibt sehr viele Dinge, bei denen die Welt auf dem Kopf steht. Das beginnt mit der Welt in unserem Kopf - mit der Gesinnung. Die ist bei manchen Leuten verdreht oder gar pervers. Pervers bedeutet nichts anderes als verdreht. Man müsste das perverse Denken vom Kopf auf die Füsse stellen können. Dann käme etwas ganz Gutes dabei heraus. Nehmen wir zum Beispiel einen Mann, der, immer wenn er mit Frauen redet, noch etwas Zweideutiges mitliefert. Egal, um welches Thema es geht, es kommt bei ihm schlüpfrig heraus. Frauen fühlen sich in seiner Nähe nicht wohl. Wenn man aber dieses schlüpfrige, verdrehte, perverse Reden vom Kopf auf die Füsse stellen könnte, was käme dann heraus? Dass sein Reden aufbauend, wertschätzend und wohltuend sein kann. So ist es gut. So ist es ursprünglich von Gott gedacht.

Alles, was verdreht ist und auf dem Kopf steht, kann man umdrehen - und wir finden dabei heraus, was Gott gefällt.

Es gibt verdrehte Gemeinschaft, eine perverse Cliquenbildung: dort, wo sich Leute zusammentun, um andere fertig zu machen. Mobbing. Aber wenn man diese verdrehte Sache vom Kopf auf die Füsse stellen könnte, dann käme auch hier das hervor, was gut ist und Gott gefällt. Es gibt fünf Schwestern, die das vormachten: die Regez Sisters gingen als Musikerinnen auf Welttournée. Sie sangen Glauben weckende Lieder an den unmöglichsten Orten, sogar in Nordkorea. Ihr Anliegen war, sich einfach Gott zur Verfügung zu stellen. Dabei wurden sie von vielen als eine starke Gemeinschaft erlebt. Nicht nur mit ein paar Liedern, sondern oft auch ganz praktisch, halfen sie ihnen weiter. Durch diese Gemeinschaft der Regez Sisters erlebten viele Menschen eine Begegnung mit Gott.[42]

Was ich damit sagen will: alles, was verdreht ist und auf dem Kopf steht, kann man umdrehen - und wir finden dabei heraus, was Gott gefällt.

Das andere 9-11

Was geschieht, wenn wir 9-11 umdrehen? Es war bei der Vorbereitung für eine Predigt. Ich hatte zuerst nur eine Bibelstelle und ein Stichwort dazu in meinem Sinn: Gott begegnen wie bei der Hütte Davids. Ich las die passende Bibelstelle und machte mir Notizen dazu. Dabei fiel mir etwas auf: sie steht im 9. Kapitel, im 11. Vers im Buch Amos. Ich sah die Zahlen 9-11 vor mir. Zuerst dachte ich: das ist gesucht, da gibt es keine Verbindung zwischen Amos 9,11 und dem 11. September 2001, dem schrecklichen Datum des Terroranschlages in New York.

Aber dann kam mir dieser Gedanke: der 11. September (9-11) bedeutet: die Welt steht auf dem Kopf. Was löst 9-11 aus? Angst, Verunsicherung, Bilder von Zerstörung, Terrorismus, Trennung der Völker...

Amos 9,11 beschreibt genau das Entgegengesetzte. Nämlich, dass Gott die Welt vom Kopf wieder auf die Füsse stellen will! Frieden, Segen, Feinde ver-

---

[42] Siehe: www.facebook.com/RegezSisters/

söhnen sich, Sicherheit... Gott will das tun und er wird das tun. In der globalen Welt - ja, das wird kommen: Jesus wird diese Welt unter seine gute, wohltuende Herrschaft bringen. Aber er will auch deine Welt vom Kopf wieder auf die Füsse stellen. Nicht erst in der Zukunft, sondern jetzt!

Gott verspricht Wiederherstellung

Der HERR sagt: «Es kommt der Tag, an dem ich die verfallene Hütte Davids wieder aufrichten werde. Ich maure die Risse zu, und ziehe die eingestürzten Mauern hoch, so dass das Haus Davids in alter Pracht wieder ersteht!»
Amos 9,11

Amos war ein einfacher Hirte. Er sprach nicht über hochkomplizierte Dinge. Er lebte in einer Zeit, in welcher sein Volk meilenweit von den besten Zeiten unter König David entfernt war. Und er gab schlicht und einfach die Botschaft Gottes weiter. Was er erzählte, zeigt auf, dass Gott tatsächlich die Welt vom Kopf wieder auf die Füsse stellen will. Er spricht von Wiederherstellung, dass Gott das, was verfallen ist, wieder aufrichtet. Genauso will Gott heute in unser Leben, in unsere Familien, in unsere Gemeinde, in unsere Gesellschaft eingreifen und das, was verfallen ist, wieder aufrichten. Es heisst, dass Gott Risse in den Mauern zumauert. Er kann das. Wir nicht. Wie oft ist es so, dass es Risse in Beziehungen oder in unsere Herzen gibt. Da steht die Welt auf dem Kopf – aber lassen wir es zu, dass Gott diese verdrehte, zerrissene Sache wieder auf die Füsse stellt. Lassen wir ihn die Mauern zuflicken! Es heisst, dass Gott eingestürzte Mauern wieder hochzieht. Ja, manchmal fühlen sich Menschen schutzlos den Stürmen dieses Lebens ausgeliefert. Gott kann dir eine neue Sicherheit schenken. Er kann Mauern um dich herum aufbauen, um dich zu bewahren und zu behüten. Er kann dein Leben vom Kopf wieder auf die Füsse stellen.

Das ist die Botschaft des Amos. Er stellt uns Gott als einen vor, der keine Freude daran hat, dass seine Leute verdreht leben. Und wenn wir beim biblischen 9-11, bei Amos 9,11 noch ein paar Verse weiterlesen, finden wir noch mehr dazu:

Gott will die Einheit der Völker. Er will, dass Feinde zusammenfinden. Er will Leben im Überfluss schenken. Sehr stark ist, wie das hier beschrieben wird: Berge, die von Wein überfliessen, Erntearbeiter, die alle Hände voll zu tun haben. Jesus bestätigt das in Johannes 10,10: «Ich bin gekommen, damit sie das Leben haben und zwar das Leben im Überfluss!» Kennst du dieses Leben im Überfluss? Geniesse es – oder suche es!

Und schliesslich redet Amos davon, dass Gott ein grosses Interesse daran hat, seinen Leuten eine Heimat anzubieten. Und das stimmte für seine israelitischen Zuhörer und das stimmt für uns: er will uns Heimat in seinen Privaträumen schenken. Das ist der Glaube, den wir haben: durch Jesus können wir zu unserem Vater und Schöpfer heimkommen, zum lebendigen Gott, der uns liebt!

Gott will die Einheit der Völker. Er will, dass Feinde zusammenfinden. Er will Leben im Überfluss schenken.

Stellen wir uns diesen Amos vor, wie er da, mit Fell bekleidet, mit Bart, einem Hirtenstab in der Hand, zu den Leuten spricht. Er sieht vor seinem inneren Auge, was Gott schenken will. Eine Welt, die wirklich auf den Füssen steht. Gleichzeitig sieht er vor seinen körperlichen Augen eine Welt, die noch auf dem Kopf steht. Er beschreibt dies mit einem Bild: die Hütte Davids ist eingestürzt. Was meint er damit?

Eine zerfallene Einheit

Lange vor der Zeit des Amos wurde David als König über Israel eingesetzt. Er regierte zuerst in Hebron. Nach wenigen Jahren eroberte er die Stadt Jerusalem und richtete sie als Zentrum seiner Regierung ein. Jerusalem wird zum politischen Entscheidungszentrum in Israel. Seit Israel ein Gesetz hatte, gab es die Trennung von Staat und Tempel. David war politischer Führer, aber nicht gleichzeitig Priester. Er regierte bewusst in Abhängigkeit zu Gott, konsultierte den Priester oder ging in das Zelt der Begegnung, die Stiftshütte, um seine politischen Entscheidungen zu treffen. Gewaltenteilung ist eine israelitische Erfindung.

Allerdings stand zur Zeit Davids die Stiftshütte[43] nicht in Jerusalem, sondern in einem Ort namens Gibeon. Die Stiftshütte war der Begegnungsort mit Gott. Hier brachte man Opfer dar, hier ging man hin, um Gott um Führung zu bitten. Für David war das ein unerwünschter, ja sogar unmöglicher Zustand: er war ein Mann nach dem Herzen Gottes und wollte Gott in alle seine Entscheidungen mit einbeziehen. Er wünschte sich, die Stiftshütte bei sich in Jerusalem zu haben – ja mehr noch: er wollte für Gott einen wunderschönen Tempel bauen, der die Stiftshütte als Zelt der Begegnung ablösen sollte. Aber Gott liess dies nicht zu. Die Gottesbegegnung und das Tagesgeschäft blieben an getrennten Orten.

Nun gab es zu Davids Zeit noch eine andere, seltsame Sache. Der Kerngegenstand der Stiftshütte war die Bundeslade. Das war eine Truhe, in welcher zwei Steintafeln, beschriftet mit den berühmten Zehn Geboten, aufbewahrt wurden. Gott hatte gesagt, dass er seinem Volk Israel hier begegnen möchte. Die Bundeslade war aber nicht in der Stiftshütte in Gibeon. Sie war auch nicht in Jerusalem, sondern sie war an einem dritten Ort, nämlich in Kirjat Jearim. Da pflegte man eine Gottesdienst-Kultur in Gibeon, brachte Opfer und wollte Gott begegnen. Aber der eigentliche Ort der Gottes-Begegnung, die Bundeslade, die auch Gnaden-Thron Gottes genannt wurde, war anderswo. So waren die Gibeon-Gottesdienste bloss eine Schattenwelt. Wollte man noch die leere Stiftshütte nach Jerusalem holen, so wäre es nur ein Joint Venture zwischen Politik und einer Schattenkirche. Die Kraft der Begegnung mit Gott würde fehlen.

Wir haben also drei Orte: Jerusalem, das Entscheidungszentrum von Israel mit Krone und König. Gibeon, der Ort des Gottesdienstes. Und Kirjat Jearim,

---

[43] In Kapitel 1 haben wir die Stiftshütte, dieses Zelt der Begegnung mit Gott, kennen gelernt.

wo das Zeichen des Bundes zwischen Gott und dem Volk Israel lagerte. Das ist auch unsere Realität: die Trennung von Kirche und Staat geht so weit, dass der Kirche keine politische Äusserung zugestanden wird. Und wenn sie es doch tut, erntet sie Kritik von aussen und von innen. Es gibt auch die Trennung von Kirche und Gottes-Begegnung. Einerseits wo Kirche sich von ihrem Kerngeschäft verabschiedet, den Menschen zu zeigen, wie sie ewiges Leben bekommen können. Und sich stattdessen auf soziales, kulturelles oder umweltpolitisches Engagement begrenzt. Andererseits sind es die Menschen, welche mit der Haltung 'Gott ja – Kirche nein' sich lieber in ihrem Kirjat Jearim aufhalten.

Bei manchen sieht es heute genauso aus, wie damals: hier ist unser Wille – und wir regieren unser Leben. Dort haben wir aber auch noch unseren Glauben an Jesus, aber der prägt nicht unseren Alltag. Wir gehen einfach von Zeit zu Zeit zu Jesus, wie David damals zur Bundeslade. Aber auf unsere Entscheidungen hat Jesus kaum Einfluss. Und wir lassen auch die Gemeinde – im Bild die Stiftshütte - in sicherem Abstand zu unserem eigentlichen Leben bleiben. Die Gemeinde darf einfach ab und zu eine Rolle spielen – aber auf unsere Entscheidungen wird sie kaum Einfluss haben. Ehrlich gesagt, hier steht die Welt auf dem Kopf. Das ist nicht das, was göttlich und gut ist.

Die Hütte Davids – ein Bild der Erneuerung

David liess diesen Zustand nicht zu. Er holte die Bundeslade nach Jerusalem, in den Stadtteil, in welchem er regierte: in die Stadt Davids auf dem Hügel Zion. Weil er keinen Tempel bauen durfte – Gott hatte es ihm untersagt - stellte er einfach ein Zelt auf. Dieses Zelt hatte vermutlich einen einzigen Raum, vergleichbar mit einem Partyzelt. In die Mitte dieses Zeltes liess David die Bundeslade stellen. Ja, dieses Zelt ist die Hütte Davids! David freute sich ausserordentlich: als die Bundeslade nach Jerusalem geholt wurde, tanzte er voller Freude hin und her. Anbetung und Freude an Gott, das sind Eigenschaften, die zur Hütte Davids passen.

Freude und Anbetung, das passiert auch, wenn du dein Leben Jesus anvertraust. Du holst dir den Bund Gottes mitten ins eigene, persönliche Jerusalem, ins eigene Herz hinein. Dabei ist es entscheidend, dass der eigene Wille - bildlich gesprochen: unsere Krone - Jesus unterstellt wird. Er wird uns gut führen. «Mein Wille gehört meinem Gott»[44], singen wir in einem alten Kirchenlied. Darum geht's.

Wie die zerfallene Hütte Davids wiederhergestellt wird

Nun, nach der Zeit Davids bekam dieser optimale Zustand wieder Risse in die Fassade. Es begann bereits unter seinem Sohn Salomo: er erstellte endlich den Tempel in Jerusalem – Gott hatte das nun zugelassen. Eigentlich war das eine sehr gute Ergänzung: jetzt war alles am selben Ort: der Bund, der Gottesdienst und die Landesregierung. Es dauerte aber nicht lange, bis der Gottesdienst, ja der Tempeldienst an sich, den Bund mit Gott überlagerte. Es wurde wichtiger, Opfer zu bringen, als Gott zu lieben und zu gehorchen. Die ganze Sache drehte sich auf den Kopf. Gegen Ende von Salomos Leben – und dann bei vielen seiner Nachfolger – überlagerte sogar die Krone den Tempel. Die Regierung ordnete sich nicht mehr Gottes Willen unter. Das war der Zustand, den Amos vor sich sah: die Hütte Davids war nicht mehr. Es gab keinen einfachen, direkten Zugang mehr zu Gott. Und darum schrie er seine Botschaft heraus: Gott will! Gott will die Welt – deine Welt - vom Kopf wieder auf die Füsse stellen. Und wie? Indem – und ich übertrage das jetzt auf unser Leben – indem wir den Glauben an Jesus mitten in unser Herz hereinholen. Indem wir bereit sind, unseren Willen Jesus Christus unterzuordnen. Indem wir unsere Entscheidungen und unsere Lebensführung Gott selbst anbefehlen. Auf diese Weise können wir Gott begegnen!

Wo ist der Platz für Jesus im Leben? In deinem persönlichen und in unserem gemeinsamen Leben? Steht er irgendwo ausserhalb deiner Entscheidungen – oder ist Jesus mitten in deinem Leben? Und wenn er in deinem Leben ist,

---

[44] «Ich blicke voll Beugung und Staunen» von Dora Rappard

66

ordnet sich deine Krone Jesus unter oder ist es umgekehrt: Jesus soll sich deiner Krone unterordnen?

Denken wir noch einen Moment weiter in dieser Richtung: Wo ist die Gemeinde, die Kirche, in deinem Leben? Irgendwo ausserhalb? Du gehst hin, wenn's grad passt. Oder ist die Gemeinde integriert in deinem Leben? Hat die Gemeinde auch Einfluss auf deinen Willen, dein Herz, deine Entscheidungen?

Ich mache dir Mut. Gott will deine Welt vom Kopf auf die Füsse stellen. Er will – deine – unsere – zerfallene Hütte Davids wieder aufrichten. Denn er will uns begegnen. Er will Gemeinschaft mit dir und mit mir.

Zum Weiterdenken

1. Die Welt vom Kopf auf die Füsse drehen:
   Denk an deinen Einflussbereich (persönlich, Partner, Familie, Freunde, Beruf, Freizeit, Kirche, Gesellschaft…): was steht verkehrt oder verdreht (pervertiert) da? Wo begegnest du negativen Auswirkungen? Findest du heraus, wie es aussehen müsste, damit diese Sache etwas Gutes ist, das Gott gefällt? Was steht in deinen Möglichkeiten zu tun, damit diese Sache wieder auf die Füsse gedreht wird?

2. Krone, Glaube und Gemeinschaft:
   Die Hütte Davids verbindet Entscheidungszentrum, Gnade und Glaube mit Gottesdienst und Gemeinschaft. Ist in deinem Leben die Hütte Davids intakt und begegnest du Gott in deinem Willen? Oder bedarf deine Hütte Davids einer Wiederherstellung?

Kapitel 7
Dankbares Erinnern und fröhliches Feiern

Was hilft dir, ein dankbarer Mensch zu sein?

Was Gott tut, zeugt von seiner Majestät und Herrlichkeit, für
alle Zeiten erweist er seine Treue. Er hat Gedenktage
festgelegt, damit man sich immer wieder an seine Wunder
erinnert – gnädig und barmherzig ist der HERR!
Psalm 111,3-4 ngü

Es war Anfang Dezember. Eine Schülerin erzählte fröhlich, dass sie in der Schulklasse ihre Namen auf Zettel geschrieben hätten und dann alle einen solchen gezogen haben. Während der ganzen Adventszeit sollte sie nun dem Kind, dessen Namen auf ihrem Zettel stand, immer wieder etwas Liebes tun. Natürlich geheim.

Adventszeit ist eine besondere Zeit. Viele machen beim sogenannten «Wichteln» mit, wie es auch in dieser Schulklasse gemacht wurde. Es gibt die Adventskalender zu Hause und die Adventsfenster im Dorf oder Quartier. Man schreibt Kärtchen und kauft Geschenke ein. Manchmal ist diese Zeit mit dem schlechten Gewissen verbunden, nicht genügend vorbereitet zu sein. Das sollte uns eigentlich nicht belasten. Es macht mehr Sinn, sich klar zu machen, was eigentlich die Adventszeit soll und wie wir uns auf Weihnachten vorbereiten. Oder auf Karfreitag und Ostern. Oder auf Auffahrt und Pfingsten. Christliche Feste sind mehr als gesellschaftliche Anlässe. Sie wollen uns eine Begegnung mit Gott ermöglichen. Wir können den Bogen sogar noch weiter spannen: kann nicht auch ein Geburtstagsfest oder ein Hochzeitsjubiläum ein Anlass mit göttlicher Dimension sein? Davon bin ich überzeugt!

Ist uns bewusst, was für eine riesige Chance es ist, Feste der Begegnung mit

Gott zu feiern? Naheliegend ist es an Weihnachten[45]. Das ist das Geburtstagsfest von Jesus. Gottes Sohn wird Mensch. Gott besucht uns in Jesus Christus. Er wohnt unter uns, lebt unter uns, zeltet unter uns. Er will Gemeinschaft mit uns. Wenn wir Weihnachten feiern, dann feiern wir Jesus. Dann erinnern wir uns daran, wer er ist, was er für uns tut und was er von uns will. Es ist ein Fest der Freude, ein Fest der Besinnung, ein Fest, das sowohl laut als auch still sein kann.

Gott hatte für das Volk Israel bewusst Feste als Begegnungsmöglichkeiten vorgeschrieben. Das grösste Fest war das Laubhüttenfest. Wieder eine Hüttengeschichte! Diese zeigt uns, was bei unseren Festen und Parties nicht fehlen sollte, damit wir darin Gott begegnen können.

Begegnungsfest mit Erinnerungseffekt

Das Laubhüttenfest gehörte zu den drei grossen Festen der Israeliten. Es dauerte über eine Woche. Ganz Israel strömte während dieser Zeit an dem Ort zusammen, wo das Heiligtum stand, das Zelt der Begegnung, die Stiftshütte. Sie bauten dort, wo sie während dieser Zeit wohnten, Hütten aus Blättern und Ästen. Auf Strassen, in Hinterhöfen, auf Flachdächern, auf Feldern... überall standen diese Laubhütten. Alle machten mit. Sie brachten Opfertiere zu den Priestern. Aus deren Opferfleisch wurden Festmahlzeiten vorbereitet. Und man feierte acht Tage lang ein Fest der Begegnung mit Gott und mit den anderen Leuten in Israel.

Kurz zusammengefasst: dankbares Erinnern!

Was war der Grund des Laubhüttenfestes? Kurz zusammengefasst: dankbares Erinnern. Das Fest war von Gott selbst eingesetzt worden, als Israel in der Wüste unterwegs war. Gott wollte dieses Fest und er gab ihm einen sehr

---

[45] Die Geschichte der Sohn-Ameise beschreibt eindrücklich, was mit Weihnachten gefeiert wird. In Kapitel 2 haben wir darüber gesprochen.

hohen Stellenwert[46]. Die Laubhütten sollten symbolisch für die Zelte, für das Herumwandern in der Wüste, aufgestellt werden. Die Feiernden erfuhren durch dieses Fest, dass Gott Israel aus Ägypten gerettet und es während vierzig Jahren als Halbnomaden geführt hatte. Gleichzeitig feierte man am Laubhüttenfest auch ein Erntedankfest. Man erinnerte sich also nicht nur an die ferne Vergangenheit, sondern auch an das vergangene Jahr. Man dankte Gott für das Durchtragen, Versorgen, Trösten, Stärken - und für seine Gnade.

Übertragen wir dies auf unsere heutigen Feste: dankbar erinnern! Und zwar weit zurück. Dankbar erinnern an das, was damals war. Aber auch an die kurz zurückliegende Zeit. Dankbar erinnern, wie wir Gottes Gegenwart im vergangenen Jahr erlebt haben.

Die Kraft des Erinnerns

Das Erinnern ist etwas Wichtiges. Aber fürs Erinnern müssen wir uns Zeit nehmen. Die Bibel ermutigt uns dazu. In einem Psalm lese ich:

Herr, ich erinnere mich an alles, was du getan hast, an alle
Wunder, die du einst vollbracht hast. Ständig stehen mir deine
Taten vor Augen, immer wieder muss ich an sie denken.
Psalm 77,12-13

Aber - so fährt der Psalm-Dichter fort - damals habe ich dich, Gott, so stark erlebt, und heute weiss ich nicht, ob du immer noch zu mir stehst. Ich will wieder zurück, ich will dir wieder begegnen. Und darum erinnere ich mich an alle deine Wunder, die ich selbst erlebt habe. Aber auch an solche, die von dir aus früheren Zeiten weitererzählt werden. Auch wenn sie jahrhundertealt

---

[46] «Jedes Jahr im siebten Monat sollt ihr sieben Tage lang dieses Fest für den Herrn feiern. Diese Anordnung gilt für euch und eure Nachkommen für immer. Während dieser Woche sollt ihr in Laubhütten wohnen! Alle Israeliten sollen in Laubhütten wohnen. Das soll die Generationen nach euch daran erinnern, dass ich die Israeliten in Hütten wohnen ließ, als ich sie aus Ägypten geführt habe. Ich bin der Herr, euer Gott.´» 3. Mose 23,41-43

sind. Du hast dich ja nicht verändert!

Merken wir, was für eine Kraft das Erinnern hat?

Es gibt Erinnern mit negativer Wirkung. Mao Tse Tung, das erste kommunistische Staatsoberhaupt Chinas, hatte negatives Erinnern praktiziert, als ein Mitarbeiter bei ihm in Ungnade gefallen war. Mao liess sich alte Texte geben, die er selbst aufgeschrieben hat; Texte, in denen er einmal seinen Hass auf die betroffene Person aufgeschrieben hatte. Durch das Lesen dieser Texte wuchs in Mao der Hass, die Verachtung und die Entscheidung, diesen unbeliebten Mitarbeiter zu beseitigen. Auf diese Weise hat das Erinnern eine zerstörerische Kraft.[47] Auch das «Sorgen-Machen-weil-man-schlechte-Erfahrungen-gemacht-hat» ist eine negative Erinnerungs-Kraft.

Erinnert euch an die erste Zeit, als ihr gläubig geworden seid! Denkt zurück an eure erste Liebe!

Wir tun uns etwas Gutes, wenn wir das Erinnern aufbauend brauchen. So kommt es in der Bibel immer wieder vor. Im Hebräerbrief 10 spricht uns die Aufforderung an: «Erinnert euch an die erste Zeit, als ihr gläubig geworden seid!»[48] Was war euch damals wichtig? Ihr habt euch sogar berauben lassen, man hat euch euren Besitz weggenommen wegen eures Glaubens, aber ihr wusstet, dass sie euch das Eigentliche nicht wegnehmen können. Ihr habt eine Heimat im Himmel.

Jesus selber sagt – aufgeschrieben im Buch der Offenbarung:[49] «Denkt zurück an eure erste Liebe! Merkt ihr, wie weit weg ihr davon heute seid? Erinnert euch an die Dinge, die euch damals wichtig waren und tut wieder die ersten Werke!»

---

[47] Episode nacherzählt aus „Mao. Das Leben eines Mannes. Das Schicksal eines Volkes" Jung Chan, Jon Halliday, Blessing 2005

[48] In Kapitel 5 habe ich unter der Überschrift «Hoffnung auf Belohnung» mehr dazu geschrieben.

[49] Offenbarung 2,4-5 (der zitierte Text ist von mir frei übertragen)

Das Erinnern an wichtige Ereignisse und Wahrheiten ist kraftvoll. Darum finden wir in den Briefen von Paulus, von Petrus und von Johannes ebenfalls solche Erinnerungs-Aussagen: «Denkt daran! Es ist etwas, was ihr schon lange kennt, aber ich sag's euch nochmals. Ich rufe es euch in Erinnerung. Ich werde dabei nicht müde.» Denn wenn wir uns nicht mehr erinnern würden, würden wir vergessen. Vergessen, wer Gott ist. Vergessen, wer Jesus ist. Und vergessen, wer wir selbst sind. Nämlich Geliebte Gottes - und wenn wir gläubig geworden sind, sind wir auch Auserwählte und Begnadigte.[50] Wir wollen nicht vergessen. Und darum brauchen wir dankbares Erinnern.

Was geschieht, wenn wir uns Erinnern lassen? Wir besinnen uns wieder aufs Wesentliche. Es löst eine neue Sehnsucht und Liebe aus. Denke nur daran, was geschieht, wenn ein Ehepaar zusammen im Hochzeitsfotoalbum blättert! Erinnern an Jesus löst Durst nach Jesus aus - den er sehr gerne stillen will! Erinnern klärt die Berufung und hilft gute Entscheidungen zu treffen. Das Erinnern der Erwachsenen hilft der jungen Generation, Gott kennen zu lernen und ihm zu begegnen. Noch etwas: Erinnern macht dankbar! Und Dankbarkeit vermittelt uns eine gesunde Lebenshaltung!

Erinnerungszeiten planen

Wir können die Bedeutung des Erinnerns sehen. Planen wir darum das Erinnern bewusst ein! Ich nehme mir immer wieder Zeiten des Erinnerns. Dann lese ich meine Tagebuchnotizen der vergangenen Zeit. Oft erlebe ich, wie Gott dieses Zurückerinnern braucht, um Vergessenes wieder in mein Gedächtnis zurückzuholen. Solche Erinnerungszeiten entzünden meine Leidenschaft, stärken meinen Glauben und fördern mich als Ehemann, Vater, Freund, Diener und Leiter.

Erinnern an Jesus löst Durst nach Jesus aus!

---

[50] Siehe Kolosser 3,12

So wie das Volk Israel können auch wir unsere Feste bewusst einsetzen, um Erinnerungs-Momente zu erleben. Ein besonderes Fest soll auch besinnliche Momente haben. Was bedeutet besinnlich? Wir sinnen über etwas nach, wir lassen Gedanken und Gefühle, Bilder und Worte aufsteigen, wir achten darauf, was Gott uns in Erinnerung rufen will... Und dann können wir von Herzen danke sagen!

Feiern und Gott begegnen

Wir sind es uns in unserer Kultur gewohnt, dass etwas Besinnliches still und ruhig ist. Feste und Parties dagegen sind laut und fröhlich. Wir neigen zur Ansicht, dass Gott nur in der Stille begegnet werden kann. Konsequenterweise sind laute Feste darum häufig gottentleert, um nicht zu sagen gott-los. Sogar Weihnachten, Ostern und Pfingsten kann gefeiert werden, ohne einen Gedanken an Gott zu verschwenden, geschweige denn eine Zeit des Erinnerns und Dankens zu erleben.

Ein besonderes Fest soll auch besinnliche Momente haben.

Was mich bei der israelitischen Kultur beeindruckt: sie feierten Feste, um Gott zu begegnen. Als das Laubhüttenfest nach jahrhundertelangem Unterbruch unter Nehemia wieder neu entdeckt wurde, wurde das Volk ermutigt, nicht in Trauer stecken zu bleiben, sondern ein Freudenfest zu feiern. Dort heisst es: «Seid nicht traurig, denn die Freude am HERRN ist eure Zuflucht, beziehungsweise eure Stärke!»[51] Es ist gut, diese Seite des Feierns neu zu entdecken.

---

[51] Das schreibt Nehemia in Kapitel 8, Vers 10. Stärke und Zuflucht ist im Hebräischen ein und dasselbe Wort. Gemeint ist eine Bergfeste, ein Zufluchtsort, wo man in Zeiten der Gefahr Schutz findet.

Geschenke: eine andere Sicht

Ich habe es schon erwähnt - aber erinnere uns gerne noch einmal daran: am Laubhüttenfest wurde gegessen und getrunken. Was? Das, was jeder und jede als Opfergaben mitgebracht hat. Und welche Opfergaben waren das? Es war ein Anteil von dem, was jeder durchs Jahr hindurch geerntet oder verdient hatte. Eigentlich geht es um das Prinzip des Zehnten. Der zehnte Teil des Einkommens gehört Gott. Und ein Teil davon wurde für das grosse Fest der Begegnung verwendet.

Dreimal im Jahr soll jeder Mann in Israel vor dem Herrn, eurem Gott, an dem Ort erscheinen, den er dafür bestimmt: zum Fest der ungesäuerten Brote, zum Fest der Ernte und zum Laubhüttenfest. Doch ihr sollt nicht mit leeren Händen vor ihm erscheinen. Jeder soll so viel geben, wie er kann, je nachdem wie reich der Herr, euer Gott, euch gesegnet hat.

5. Mose 16,16f

Mir kommt da ein Gedanke zu unserem Brauch, einander an Festen Geschenke zu machen. «Keiner soll mit leeren Händen vor ihm erscheinen» - so war's beim Laubhüttenfest: sie brachten Opfergaben. Wir bringen Geschenke. Okay, aber warum machen wir das? Um andern eine Freude zu machen? Um uns nicht schämen zu müssen, keine Geschenke gemacht zu haben? Um nicht allein zu sein?

Wir bekommen einen ganz neuen Zugang zum Beschenken, wenn wir uns zuerst erinnern: «Gott, du hast mir in diesem Jahr so viel gegeben. Ich möchte dir deinen Teil zurückgeben - und zwar in Form von Geschenken für andere Leute.» Das bedeutet: jedes Geschenk, das ich mache, ist eigentlich zuerst ein Geschenk an Jesus. Und in seinem Namen gebe ich es jetzt jemanden. Dann würde doch das geschehen, was

Jesus einmal angedeutet hat: «Was immer du in meinem Namen einem meiner geringsten Brüder oder Schwestern tust, das hast du mir getan.»[52] Ein Fest zu feiern, das Freude macht, gibt Gott Ehre. Denn Freude ist etwas Göttliches!

Die Chance packen

Kennst du das auch, dass du Hemmungen hast, an einem normalen Fest etwas beizutragen, was deinem Glauben entspricht? Meine Familie nahm an einem Fest in einem Restaurant teil. Wir hatten einen abgeschlossenen Saal, nur das Servicepersonal ging ein und aus. Die Gesellschaft bestand zu 95% aus überzeugten und bekennenden Christen. Die Vorspeise oder Suppe stand vor uns. Einige begannen zu essen. Wir als Familie singen jeweils vor dem Essen ein Danklied. Das ist für uns eine gute und wichtige Gewohnheit.

Was geschieht aber jetzt an diesem Fest? Wir sahen uns um. Die Gastgeber ergriffen keine Initiative zu beten oder ein Danklied vor dem Essen anzustimmen. Sollten wir heute verzichten auf das Danke-Sagen?

Mach dein Fest und deine Party zu einem Begegnungsort mit Gott!

Sollten wir einfach für uns unser Lied singen? Unsicherheit überkam uns. Da waren seltsame Hemmungen, an einem Fest etwas zu tun, was dem eigenen Glauben entspricht.

Dabei ist es noch etwas Kleines, vor dem Essen Gott zu danken. Wir berauben uns der Chance, Gott zu begegnen, wenn wir unsere Feste neutral halten wollen. Lasst uns doch unsere Feste feiern, um während dem Feiern bewusst Gott zu begegnen! Mach dein Fest und deine Party zu einem Begegnungsort mit Gott! Beschenke Jesus in dem Mass, wie du selbst beschenkt worden bist.

---

[52] Solche Worte spricht uns Jesus höchstpersönlich zu. Siehe Matthäus 25,40.

Jesus will uns im Erinnern und Feiern begegnen

Es ist tatsächlich so: Gott macht den ersten Schritt auf uns zu. Er sucht die Gemeinschaft mit uns. Das Laubhüttenfest war ein solches Fest der Begegnung. Weihnachten, Ostern, Auffahrt, Pfingsten und Erntedank sind es ebenso. Jesus will uns in diesen Festen begegnen. Ich will dieses Kapitel mit der starken Message abschliessen, die Jesus selber an einem Laubhüttenfest in Jerusalem ausgesprochen hat. Es war damals bei diesem Fest Brauch, dass ein Priester Wasser aus einem Teich in Jerusalem schöpfte, zum Tempel trug und dort über dem Altar ausleerte.

Am letzten Tag, dem Höhepunkt des Festes,
stellte Jesus sich hin...

Jesus hatte keine Hemmungen, an einem Fest etwas Glaubensgemässes zu tun.

...und rief der Menge zu: Wenn jemand Durst hat, soll er zu mir
kommen und trinken!

Jesus will den Menschen begegnen. Er bietet uns an, den Lebensdurst zu stillen. Mitten im Fest, mitten in der Zeremonie der Priester.

Wer an mich glaubt, aus dessen Innerem werden Ströme le-
bendigen Wassers fliessen, wie es in der Schrift heisst.

Ja, aus der Begegnung mit Jesus werden wir selbst erfrischt und können jetzt auch andern von diesem lebendigen Wasser weitergeben!

Mit dem lebendigen Wasser meinte er den Geist, der jedem
zuteil werden sollte, der an ihn glaubte.
Joh 7,37-39a

Das ist der Heilige Geist, von dem es heisst: er wird uns an die Wahrheit erinnern.

Damit schliesst sich der Kreis. Dankbares Erinnern und fröhliches Feiern und in beidem Gott begegnen.

Zum Weiterdenken

1. Dankbares Erinnern:

   Nimm dir einen Moment des dankbaren Erinnerns: Welche Ereignisse in deinem Leben erfüllen dich mit Freude? Wo erkennst du Gottes Handschrift in den Erlebnissen der letzten Tage, wie auch in den Höhepunkten deines Lebens? Was stimmt dich dankbar, wenn du dich bewusst an Gott erinnerst?

   P.S. Wenn du dir jetzt keinen Moment des dankbaren Erinnerns nehmen kannst oder möchtest, so plane dir jetzt gerade einen solchen Moment ein.

2. Feste als Begegnungsort mit Gott feiern:

   Wie könnten sich zum Beispiel an einer Geburtstagsparty die Gäste fröhlich erinnern – und wie könnte damit ein Begegnungsort mit Gott entstehen? Hast du das irgendwo bereits erlebt? Wie möchtest du dein oder euer nächstes Fest bewusster – und im tieferen Sinn «besinnlich» - gestalten?

Kapitel 8
Auferstehungskraft im stillen Kämmerlein

Hast du einen schmerzhaften Verlust erlebt,
welcher für dich zum Segen geworden ist?

Gott will Gemeinschaft mit uns. Ich kann das nicht genug betonen. Religion heisst: Menschen versuchen mit Gott in Verbindung zu kommen. Dafür setzen sie religiöse Werke ein, üben religiöses Verhalten ein, hoffen auf religiöse Funktionen. Es muss doch funktionieren, wenn wir es so oder so machen, denkt man.

Aber Gott will nicht Opfer, er will unser Herz. Er will nicht unsere Religion, er will uns als Menschen, als Gegenüber, als sein Ebenbild. Ja, genau: er hat uns als seine Ebenbilder geschaffen, damit wir seine Herrlichkeit und sein Wesen in diese Welt hinein spiegeln. Um uns dazu zu befähigen, sucht Gott die Begegnung mit uns Menschen. Er hat damit schon bei den ersten Menschen, bei Adam und Eva, angefangen, als er durch den Garten ging und rief: «Mensch, wo bist du?» Und er sucht die Begegnung auch mit dir.

Es ist interessant, dass wir Gott auf verschiedensten Wegen begegnen können. Einer davon ist, Gott zu begegnen, indem wir andere beschenken. Was meine ich damit?

Gastfreundschaft anbieten

Eines Tages kam Elisa in die Stadt Schunem. Dort lebte eine
wohlhabende Frau, die ihn zum Essen einlud. Von da an
pflegte er jedes Mal, wenn er durch die Stadt kam, bei ihr zu
essen. Die Frau sagte zu ihrem Mann: »Ich weiss, dass dieser
Mann, der immer zu uns kommt, ein heiliger Mann Gottes ist.
Wir sollten ihm ein kleines Dachzimmer einrichten und ein Bett,
einen Tisch, einen Stuhl und eine Lampe hineinstellen, sodass

er dort wohnen kann, wenn er zu uns kommt.«

2. Könige 4,8-10

Gastfreundschaft kann genau das sein: jemandem einen Dienst erweisen und ihm für kurze Zeit eine Heimat bieten. Und damit eine Begegnung ermöglichen, die uns selber Gott näher erkennen lässt. Ich kann mir gut vorstellen, dass die Begegnungen dieser Frau und ihrer Familie mit dem Propheten Elisa bewegende Momente waren, bei welchen Gottes Wirken stark erfahrbar war. Vielleicht hat sie etwas Vergleichbares erlebt, wie andere, von denen es heisst, sie hätten ohne ihr Wissen sogar Engel als Gäste aufgenommen.[53] Elisa war ein Mensch wie du und ich, aber als Mensch war er ein Bote Gottes. Als solcher hat er Gottes Realität in das Haus dieser Familie getragen.

Jesus weist übrigens auch darauf hin, dass bei gastfreundlichen Menschen offene Türen fürs die gute Nachricht von Gottes Reich sind! Als er seine Nachfolger in Zweiergruppen aussandte, machte er sie auf diesen Umstand aufmerksam.

Nimm dir diese Frau von Schunem als Beispiel: sie wurde gesegnet, weil sie einen Propheten aufnahm. Streck dich aus nach diesem Segen. Oder mehr noch: nach der Begegnung mit Gott, die durch solche Art der Gastfreundschaft möglich wird.

Wenn ihr in eine Stadt oder in ein Dorf kommt, sucht nach einem würdigen Mann und bleibt bei ihm, bis ihr wieder weiterzieht. Wenn ihr in ein Haus eingeladen werdet, dann segnet dieses Haus. Wenn sich das Haus als würdig erweist, dann ruht euer Segen weiterhin darauf; andernfalls kehrt der Segen wieder zu euch zurück.

Matthäus 10,11-13

---

[53] Hebräer 13,1-2 ermutigt uns, die Liebe dadurch auszudrücken, dass wir auch Fremde gastfreundlich aufnehmen. Für Lot, den Neffen Abrahams, war das übrigens die Rettung, 1. Mose 19.

Nimm dir aber auch Elisa zum Vorbild: er ging dorthin, wo er willkommen war, und segnete diese Familie. Halte deine Augen offen und sei bereit, bei solchen würdigen Männern und Frauen – wir nennen sie auch Männer und Frauen des Friedens – anzuhalten und Zeit zu verbringen. Du erkennst sie daran, dass sie gerne mit dir zusammen sind, dich unterstützen wollen und offen für deinen Glauben sind. Gott will durch dich andern begegnen – und in diesen Menschen wirst auch du wiederum eine Begegnung mit Gott erleben.

Wenn Gott segnet

Eines Tages kam Elisa wieder einmal nach Schunem und ging hinauf in sein Zimmer, um sich auszuruhen. Er sagte zu seinem Diener Gehasi: »Hol mir diese Frau aus Schunem.« Also rief er sie, und sie kam. Elisa sagte zu Gehasi: »Sag ihr: Die Fürsorge, die du uns erwiesen hast, wissen wir zu schätzen. Was können wir nun für dich tun? Können wir beim König oder beim Heerführer ein gutes Wort für dich einlegen?« »Ich wohne sicher unter meinen Leuten«, antwortete sie. Elisa fragte: »Was können wir dann für sie tun?« Gehasi sagte: »Sie hat keinen Sohn, und ihr Mann ist schon alt.« »Ruf sie noch einmal herein«, befahl Elisa. Als die Frau zurückkam und in der Tür stehen blieb, sagte Elisa zu ihr: »Nächstes Jahr um diese Zeit wirst du einen Sohn im Arm halten!« »Ach nein, Herr«, wehrte sie ab. »Mann Gottes, lüge deine Dienerin nicht an.« Doch die Frau wurde schwanger, und im nächsten Jahr um die gleiche Zeit hatte sie einen Sohn, wie Elisa es ihr vorausgesagt hatte.«

2. Könige 4,11-17

Das Dachzimmer wird zu einem Begegnungsort zwischen Gott und Menschen. Hier ist ein Ort des Gebets, ein Ort der Gespräche unter Menschen. Hier kommen tiefe Fragen und Nöte an die Oberfläche. Hier werden Verheissungen ausgesprochen.

Gott will Menschen begegnen und er braucht dich und mich dazu, dass er dies tun kann. Unsere Haltung dabei ist diese: wir sind von Gott beschenkt, darum können wir grosszügig weitergeben. Versteh mich nicht falsch: es geht nicht darum, empfangene Liebe zurückzuzahlen. Aber es geht um die Frucht der Liebe; es geht um das, was aus der empfangenen Liebe wächst!

Unsere Vorstellungen, welche Frucht der Liebe wir weitergeben könnten, sind oft sehr beschränkt. Wie bei Elisa. Er bietet zuerst das an, was er menschlich gesehen bieten kann: seine Beziehungen zu hohen Amtspersonen, seine Autorität. All das nützt der Frau aber nichts.

Dann bietet Elisa das an, was er als Diener Gottes geben kann: Fürbitte bei Gott und Zuspruch seiner Verheissung! Das erinnert mich an Petrus und Johannes,[54] die einem gelähmten Bettler keine finanzielle Unterstützung anbieten können. Aber: «Was ich habe, gebe ich dir...» – und ein Wunder geschieht, das nicht mit menschlichen Möglichkeiten erreicht werden konnte: der Gelähmte wird geheilt. Sie dienen, indem sie mit Gottes Möglichkeiten rechnen.

Die Frau ist sich nicht sicher, ob sie diesen Segen überhaupt will. Das ist ihr wunder Punkt. Die Kinderlosigkeit hat sie schon oft an ihre emotionellen Grenzen gebracht. Hat sie sich deswegen sogar als minderwertiger Mensch gesehen? Wir wissen das nicht. Wir wissen nur, dass sie in dieser Sache nicht noch einmal verletzt werden möchte. Sie will nicht ihre Hoffnung auf etwas setzen, was möglicherweise doch nicht eintreffen wird. Kennst du dieses Gefühl?

Gott mutet seinen Menschen viel zu, um sie darin überschwänglich zu beschenken

Wäre Gott darauf eingegangen und hätte die Verheissung durch Elisa zu-

---

[54] Beschrieben in Apostelgeschichte 3,6

rückgezogen, dann wäre der Frau etwas Wichtiges entgangen: die Erfahrung, dass die Begegnung mit Gott sie im tiefsten Innern heilen kann. Gott mutet seinen Menschen viel zu, so dass sie überschwänglich beschenkt werden – denn Gottes Segen und seine Gnade hat niemand verdient. Aber nur beschenkt zu werden, heilt noch nicht tief genug. Gott mutet uns auch zu, was wir nur schwer verstehen können: den Verlust seines Segens!

Schmerzhafter Verlust des Segens

Als der Junge schon älter war, ging er eines Tages aufs Feld

hinaus zu seinem Vater, der bei der Ernte half. Plötzlich klagte

er: »Mein Kopf! Mein Kopf!«

Sein Vater befahl einem der Knechte: »Trag ihn zu seiner

Mutter.« Der Knecht brachte ihn zu ihr, und seine Mutter hielt

ihn auf dem Schoss, doch um die Mittagszeit starb er.

2.Könige 4,18-20

Kennst du das auch? Da hat man eine gute Zeit im Leben, Gott segnet... und dann plötzlich scheint alles ineinander zusammen zu fallen.[55] Solche Situationen können einem ganz schön zu schaffen machen. Vor allem, wenn du den Segen gar nicht unbedingt gesucht hast, sondern es einfach ein Geschenk des Lebens, ein Geschenk Gottes war. Es ist nicht einfach, dann alles aus Gottes Hand zu nehmen und wie Hiob zu sagen: «Der Herr hat's gegeben, der Herr hat's genommen. Der Name des Herrn sei gelobt!»[56]

Wie schnell hätte die Frau von Schunem fragen können: «Warum lässt Gott

---

[55] In Psalm 30 ist mir diese Situation auch wieder begegnet. In Vers 7-8 heisst es: «Als es mir gut ging, sagte ich: »Nichts kann mir geschehen!« Denn deine Güte, HERR, hatte mich fest und stark gemacht wie ein Fels. Aber dann hast du dich von mir abgewandt, und ich erschrak.»
[56] Hiob erlebte innert kürzester Zeit den totalen Zusammenbruch: sein Besitz, seine Güter gingen verloren. Schliesslich starben alle seine Kinder bei einem tragischen Unfall. Er fand den Willen und die Kraft, trotz diesen Erlebnissen Gott zu vertrauen. Nachzulesen in Hiob 1,21.

das zu? Warum zieht er mir den Speck durch den Mund und nimmt ihn mir dann wieder weg?» Das ist aber nicht die Frage, die uns weiterbringt. Mir hilft es zu fragen: «Wohin gehe ich jetzt damit? Was möchte mir Gott damit sagen? Wohin will Jesus mich damit bringen? Und was tue ich jetzt damit?»

Den grössten Schmerz direkt an den Begegnungsort mit Gott bringen

Sie trug ihn hinauf in das Zimmer des Propheten, legte ihn auf sein Bett, ging hinaus und schloss die Tür hinter ihm ab.

2.Könige 4,21

Das beeindruckt mich! Es zeigt mir ein Modell, wie ich es auch tun kann. Dort, in dieser Kammer gab Elisa der Frau von Schunem ein Versprechen, welches sie lieber gar nicht annehmen wollte. Dort, in dieser Kammer, war ein Begegnungsort mit Gott. Dorthin brachte sie ihren Schmerz.

Ich habe entdeckt, wie wertvoll es ist, dass wir beten können. Beten heisst: ich trage mein Liebstes an den Begegnungsort mit Gott, ins Dachzimmer. Den Segen und auch meinen Schmerz. In meinen schwierigsten Tagen und Wochen war das Beten das, was mir am meisten geholfen hat. Es spielte dabei keine Rolle, ob ich vertrauensvoll zu Gott sprach oder

Beten heisst: ich trage mein Liebstes an den Begegnungsort mit Gott.

ob ich verzweifelt und voller Misstrauen zu ihm schrie, meine Fragen an ihn mit schwarzer Tinte seitenweise aufschrieb. Dieses schwarz beschriebene Papier war mein Begegnungsort mit Jesus.

Wie viele Menschen kamen mit ihren Nöten direkt zu Jesus! Wie oft suchten sie seine Nähe auf! Wie oft waren es Angehörige und Freunde, welche die Kranken begleiteten!

Ja, noch kraftvoller ist es, wenn ich Menschen mit einbeziehen kann, die für mich beten. Ich wünsche dir solche Begleiter! Bleibe nicht allein mit deinem Schmerz. Nimm die Fürbitte der anderen Gläubigen an! Suche gerade in

Krankheit und Schwachheit auch das Gebet der Leiter der Gemeinde![57]

Beharrlich Bitten

Dann liess sie ihrem Mann ausrichten: »Schick mir einen der Knechte und eine Eselin, damit ich schnell zu dem Mann Gottes gelange und bald wieder zurück sein kann.« »Warum heute?«, fragte er. »Es ist weder Neumond noch Sabbat.« Doch sie entgegnete: »Es hat schon seine Richtigkeit.« Sie sattelte die Eselin und befahl dem Knecht: »Beeil dich! Reite nicht meinetwegen langsam, es sei denn, ich sage es dir.« Sie machte sich auf den Weg und kam zu dem Propheten auf dem Berg Karmel. Elisa sah sie bereits von weitem. Er sagte zu seinem Diener Gehasi: »Sieh, die Frau aus Schunem kommt. Lauf ihr entgegen und frag sie: `Geht es dir, deinem Mann und deinem Sohn gut?´« »Ja«, antwortete die Frau, »es geht uns allen gut.« Doch als sie zu dem Mann Gottes auf dem Berg kam, umklammerte sie seine Füsse. Gehasi wollte sie wegstossen, aber Elisa sagte: »Lass sie. Irgendetwas macht ihr grossen Kummer, aber der Herr hat mir nicht gesagt, was.« Da sagte sie: »Habe ich meinen Herrn um einen Sohn gebeten? Ich habe dir doch gesagt: `Mache mir keine falschen Hoffnungen!´« Da sagte Elisa zu Gehasi: »Mach dich reisefertig; nimm meinen Stab und geh! Sprich mit niemandem

---

[57] Das Gebet der Gemeindeleitung wird in Jakobus 5,14ff beschrieben. Dieses sogenannte Ältestengebet wird mit Auflegung der Hände und Ölsalbung vollzogen. Die eigentliche Kraft liegt aber nicht in diesen symbolischen Handlungen, sondern im Vertrauen, dass Gott das Gebet von einfachen, aber aufrichtigen Menschen erhören wird.

und wenn dich jemand grüsst, dann reagiere nicht. Leg dem

Kind meinen Stab aufs Gesicht.« Doch die Mutter des Jungen

sagte: »So wahr der Herr lebt und du selbst auch: Ich werde

dich nicht loslassen.« Also kehrte Elisa mit ihr zurück.

2.Könige 4,22-30

Es gibt Armbänder mit der Aufschrift P.U.S.H. Das ist es, was diese Frau jetzt unternommen hat: pray until something happens - bete, bis etwas geschieht! Sie hat einfach ihre Enttäuschung, ihre Frustration und ihr verletztes Herz gezeigt. Und sie hatte eine klare Erwartung: Elisa musste mitkommen! Offenheit und Glauben gaben ihrem beharrlichen Bitten die Wirkung, die sie sich verzweifelt erhoffte. Vergessen wir nicht: sie hat gerade eben den überraschend erhaltenen Segen Gottes ohne erkennbaren Grund wieder verloren. Ihr Kind ist tot. Einschneidende Erfahrungen lehren uns das beharrliche Beten.

Das grösste, was passieren kann, ist, dass Gott selber in die Situation hineinkommt. Und das tut er: er schickt seinen Diener! Elisa kehrte mit ihr zurück. Genauso schickt Gott heute uns als seine Diener mitten ins Leben der Menschen in unserer Umgebung hinein. Gott hilft. Er schickt seine Leute vorbei, die seine Gegenwart in die dunkelsten Situationen hineintragen. Das bedeutet für uns zweierlei: erstens nimm Gottes Hilfe an, die er dir durch andere Menschen geben möchte. Und zweitens, lass dich als sein Diener ins Leben anderer Menschen senden. Gott möchte nämlich durch dich dort gegenwärtig sein. So entsteht dort ein Begegnungsort mit Gott. Bete – und rechne mit Gottes Auferstehungskraft.

Die menschlichen Möglichkeiten sind einmal ausgereizt

Gehasi lief schnell voraus und legte dem Kind den Stab aufs

Gesicht, aber nichts geschah. Es zeigte kein Lebenszeichen. Er

kehrte um, lief Elisa entgegen und sagte:

»Das Kind ist nicht aufgewacht.«

2.Könige 4,31

Die Hilfe Gottes ist unterwegs. Das weiss Gehasi aber nicht. Er wurde ja von Elisa schon mal vorausgeschickt. Er soll etwas tun, dort, beim toten Kind. Er läuft immer noch auf der Schiene der menschlichen Möglichkeiten. Aber, was er tut, bringt das Kind nicht wieder ins Leben zurück.

Denke nicht, wenn sich eine hoffnungsversprechende Methode als unwirksam erweist, die Sache sei nun vorbei. Gott ist unterwegs. Er selber, seine Gegenwart, sein Wirken, nicht der Stab, nicht eine Methode, nicht etwas, was vielleicht früher mal funktioniert hat.

Beobachten wir Elisa. Er tritt nicht mit Autorität auf, nicht mit Erfahrungen, nicht mit viel Wissen. Auch nicht mit Mitleid oder Sorgen. Er sucht einfach die Gegenwart Gottes.

Allein vor dem Herrn

Als Elisa im Haus eintraf, war das Kind wirklich tot. Es lag auf
dem Bett des Propheten. Er ging ins Zimmer hinein, schloss die
Tür hinter sich und betete zum Herrn.
2.Könige 4,32-33

Was hat Elisa hier empfunden? Trauer? Enttäuschung? Er hatte ja keine Vorwarnung Gottes bekommen, war auf diese Situation nicht vorbereitet worden. Für ihn als Propheten eine seltsame Lage: Gott hatte ihm in andern Situationen die geheimen Schlachtpläne von Israel angreifenden Königen gezeigt, aber die tiefe Not dieser Frau war Elisa vollkommen unbekannt geblieben.

Aber er ging hin. Er musste dieser Sache einfach auf den Grund gehen. Er konnte nicht in seinem Haus sitzen bleiben und nur seinen Diener senden. Er wollte selbst gehen. Und: er war dadurch bereit, zu einer guten Nachricht, zu einer Gebetserhörung zu werden.

Ich habe das eindrücklich erlebt. Nach meinem Theologiestudium entschied ich mich, in die Zentralschweiz zu ziehen. Ich musste der Sache auf den Grund gehen, ob Gott mich in dieser Gegend haben wollte. So ging ich dorthin, um es herauszufinden. Die Menschen kennenlernen, ihre Art zu leben, die Prägungen, die Gegend, die christlichen Kirchen. Ich nahm Kontakt mit einem Pastor auf, der in der Nähe von Luzern eine Gemeinde leitete. Er und seine Frau waren gerne bereit, mir bei der Wohnungssuche zu helfen. Und dann sagten sie mir folgendes: «Erst vor kurzem haben wir Gott darum angefleht, uns jemanden zu senden, der sich für unsere Jugendlichen einsetzen möchte.» Ich bin unversehens zur Gebetserhörung geworden. Und Gott hat diesen Weg bestätigt.

Elisa kam ins Haus, schloss die Tür ab und betete. Vor ihm lag der verstorbene Junge. Er war allein vor dem Herrn, suchte die Gegenwart Gottes auf. Dieses Dachzimmer war ein schlichter Ort, nichts Besonderes war in der Einrichtung. Aber es war ein heiliger Ort, weil hier ein Mann vor dem allmächtigen und herrlichen Gott auf die Knie ging. Er breitete die Not und das ganze Unverständnis vor Gott aus. Warum lässt Gott solches Leid zu?

Was hat dich zuletzt so auf die Knie getrieben, bis du Gott hinter verschlossener Tür ungehemmt angefleht hast? Allein vor dem Herrn? Weisst du, dass du mit deinem Gebet enorm viel bewegen kannst? Glaub nicht, dass du Gott mit deinen Gebeten überraschen könntest. Es ist von ihm bereits alles vorbereitet, wenn wir überhaupt erst zu beten beginnen!

Gott greift ein - und braucht uns dazu

Dann stand er auf, legte sich über das Kind und presste seinen
Mund auf den Mund des Kindes, seine Augen auf dessen
Augen und seine Hände auf dessen Hände. Als er sich über ihn
beugte, wurde der Körper des Kindes wieder warm. Elisa stand
auf und ging ein paarmal im Zimmer auf und ab. Dann beugte
er sich wieder über das Kind. Diesmal nieste der Junge sieben
Mal und schlug die Augen auf. Da rief Elisa Gehasi herein.
»Ruf die Frau aus Schunem!«, sagte er. Er tat es, und als sie
hereinkam, sagte Elisa: »Hier, nimm deinen Sohn.« Da fiel sie

vor ihm auf die Knie und warf sich auf den Boden. Dann hob sie

ihren Sohn auf und verliess den Raum.

2.Könige 4,34-37

Die Methodik Elisas befremdet. Aber es ist nicht die Form, die entscheidend ist. Ich sehe in dieser Handlung etwas Priesterliches. Wir sind als Christen ja das königliche und priesterliche Volk Gottes.[58] «Priesterlich» bedeutet: nah sein bei Gott und nah sein bei den Menschen und beide miteinander verbinden. Im Gebet ist Elisa nah bei Gott, dann kommt er nah zum verstorbenen Jungen - und Gott wirkt durch Elisa.

Nah sein bei Gott und nah sein bei den Menschen – und beide miteinander verbinden.

Bin ich bereit, auf diese inneren Impulse des Heiligen Geistes zu achten? Elisa tat es. Und Gott begegnete durch ihn dieser Familie ganz neu.

Bete mit mir

Vater im Himmel, es gibt Menschen in meiner Umgebung, bei welchen du mir eine Tür öffnest. Zeige mir deutlich, wer das ist! Wie kann ich ihnen deinen Segen bringen? Vater, lehre mich die hemmungslose Beharrlichkeit im Beten. Schenke mir Momente, in welchen ich allein vor dir bin. Dir begegnen, das will ich. Und ich sehne mich danach, dass du durch mich andern Menschen begegnest. Führe mich an Orte, die Elisas Dachzimmer gleichen. Lass mich dein Diener sein, der Gott und Menschen begegnet und beide zusammenbringt. Lass mich die Impulse deines Heiligen Geistes erkennen und befähige mich, sie umzusetzen.

---

58 Diese Aussage wird in 1. Petrusbrief 2,9 und Offenbarung 1,6 ausgeführt.

Zum Weiterdenken

1. Gastfreundschaft:
   Hast du ein offenes Haus, eine gastfreundliche Person / Familie erlebt oder beobachtet? Wie hältst du es selbst mit der Gastfreundschaft?

2. Schmerzhafter Verlust:
   Wie fühlst und reagierst du, wenn so etwas geschieht? Würdest du dich eher in Hiob oder der Frau von Schunem wiedererkennen?

3. Beten heisst, mit Gottes Möglichkeiten rechnen:
   Gibt es ein Beispiel in deinem Leben, an dem du zeigen kannst, dass Gottes Möglichkeiten noch lange nicht ausgeschöpft sind, wenn wir Menschen an die Grenzen kommen?

Kapitel 9
Gott erheben, erkennen und erleben

Wann ist für dich eine Sache fix und abgemacht?

Ich war noch ein Kind. Ich begleitete meinen Vater, als er bei einem anderen Landwirt eine Kuh abkaufte. Zuerst gingen wir in den Stall und besichtigten die Kuh von allen Seiten. Die Männer redeten da über die technischen Daten und was sonst noch bei einer Kuh wichtig ist. Danach drückte mein Vater dem andern ein Fünffrankenstück in die Hand. Das hat mir nicht so ganz eingeleuchtet. Wozu dieses Fünffrankenstück? Die Kuh ist doch bestimmt mehr Geld wert? Mein Vater hat mir erklärt: das Fünffrankenstück ist wie ein Vertrag, wie eine sichere Abmachung, dass er die Kuh kaufen will.

Versprochen! Sicher! Kannst dich darauf verlassen!

Vielleicht würde mein Vater heute zum andern sagen: That's it!

Versprochen! Amen - that's it!

2011 feierten wir das zehnjährige Bestehen meiner ersten Gemeinde, der Freien Evangelischen Gemeinde Hochdorf. Der Jubiläums-Slogan lautete: FEG - That's it!

Wir hatten nach einem Thema gesucht, welches sich als Spannungsbogen über das ganze Jahr ziehen lässt. Wir überlegten lange als Team, aber keine Idee zündete wirklich. Bis dann jemand sagte: «Leute, wir verlieren hier nur Zeit. Am besten nehmen wir diese Frage zurück, jeder macht sich nochmals Gedanken darüber. Und wenn wir das nächste Mal zusammenkommen, dann bin ich sicher, dass wir genau das Richtige finden. Dann werden wir sagen: 'That's it!'«

Versprochen!
Sicher!
Kannst dich darauf verlassen!

Wir schauten einander an und wussten: tatsächlich, das ist es! That's it!

Zehn Jahre waren seit der Gründung unserer Gemeinde vergangen: es war

Zeit für dankbares Erinnern und Feiern. Wir wollten in Dankbarkeit Gott begegnen. Wir wollten sagen: Freunde, that's it! Es ist genial, dass Gott all diese Leute in seine Gemeinde geführt hat. Dass er uns zehn Jahre geschenkt hat - und weiterhin mit uns arbeiten will. Wir wollten auch den Blick ausweiten zu den Menschen in unserer Umgebung und unsere damalige Gemeinde-Vision glaubensvoll umsetzen: «Unser Glaube an Jesus Christus ist für die Menschen in unserer Umgebung spürbar und ansteckend! Zu neuen Begegnungen bist du willkommen!» Das sollte unsere Jubiläums-Einladung werden: «Freund, begegne Gott! That's it!»

Wenn uns dieser Slogan ein ganzes Jahr lang begleiten sollte, dann mussten wir ihn auch in der Bibel verankern können. Dabei ist mir ein Wort aufgefallen, welches in der Bibel häufig vorkommt. Es wird manchmal übersetzt mit «So sei es!» oder auch mit «wirklich» oder «wahrlich». Du kennst es: Amen! That's it!

In diesem Kapitel will ich dir das Amen näherbringen. Als ich meine damals dreijährige Tochter fragte, ob sie mir bei der Predigtvorbereitung helfen möchte, hat sie freudestrahlend «Ja» gesagt. Ich fragte sie dann: «Was würdest du denn über Amen predigen?» Sie gab mir nur ein Stichwort: «Beten!»

Ja, so ist es doch. Das Amen ist bekannt als Gebetsschluss. Wenn ich Amen sage, dann wissen alle andern, dass ich fertig bin. Aber im Amen steckt in Wirklichkeit viel, viel mehr. Es ist keine leere Floskel. Wer Amen sagt, der legt damit ein Versprechen ab - er legt bildlich gesprochen sein Fünffrankenstück auf den Tisch und sagt: «That's it! Abgemacht! Das gilt!»

Ich erinnere mich: bei einem Alphalive- Glaubenskurs hatte sich ein Teilnehmer viele Gedanken über das Beten gemacht. Er fragte sich zuerst: «Warum sagen wir immer Amen? Ich will doch nichts sagen, was ich nicht verstehe!» Er erfuhr, dass Amen «so sei es» bedeutet. Danach sagte er bei Gebeten am Schluss ganz bewusst nicht «Amen», sondern «So sei es»! Das finde ich eine ganz gute Sache! Man kann nicht zu allem Ja und Amen sagen... Darum ermutige ich dich: denk über dein Beten nach - und denk vor allem darüber nach, wozu du Ja und Amen sagst!

Steve Chalke erzählte, dass er in einer Gebetsgruppe von verschiedenen Pfarrern teilgenommen hatte. Sie sassen alle auf Stühlen im Kreis, während einer nach dem andern betete. Steves Gedanken waren nicht ganz bei den Gebeten seiner Kollegen - er betrachtete vielmehr reihum die Schuhe und Hosen. Aber wie er es sich gewohnt war, sprach er immer wieder sein bestätigendes «Ameeeen» aus. Nach einem seiner Ameeeens hörte der Betende auf zu sprechen. Es war mucksmäuschenstill. Steve versuchte seine Konzentration von den Schuhen auf das zu richten, was gerade im Raum abging.

Ehre und Ruhm gehören Gott allein, dem ewigen König, dem Unsichtbaren, der nie stirbt und der allein Gott ist, in alle Ewigkeit. Amen.

1. Timotheus 1,17

Was war los? Langsam rekonstruierte Steve, was der Betende eben gerade gesagt haben musste: er schüttete Gott gegenüber sein Herz aus: «Herr, du siehst, was für ein armseliger Mensch ich bin, wie wenig ich kann, was ich alles falsch gemacht habe...» - Genau hier fiel Steve Chalke mit seinem bestätigenden Ameeen ein: So sei es! That's it! Ich kann mir vorstellen, dass Steve Chalke sich danach stärker auf das konzentrierte, was die andern beteten - oder er hörte auf, sein gedankenloses Ameeeen in die Runde zu werfen.

Eigentlich ist es so: das Amen ist in der Bibel, im Neuen Testament, gar kein Gebetsabschluss. Es gibt stattdessen viele biblische Gebete, die kein Amen am Schluss haben. So auch das Vater-Unser-Gebet in der Version des Lukas-Evangeliums. Das Amen kommt aber oft dort vor, wo es Versprechen oder Abmachungen gibt.

Lass mich drei Ermutigungen aufzeigen, die mit dem Amen zu tun haben. Drei Ermutigungen, bei denen wir von Herzen sagen können: das ist versprochen, das gilt, that's it!

Erste Ermutigung: Freund, erhebe Gott!

(Lobpreis)

Im Neuen Testament kommt das Amen etwa 20x nach einem Lob an Gott vor. Freund, wenn ich solche Sätze lese, wird es mir wirklich warm ums Herz. Lobpreisstellen in der Bibel sind gewaltig stark.

Da wird unser Blick von unseren Sorgen und persönlichen Anliegen weg auf den gerichtet, der die ganze Welt in seinen Händen hält. Der christliche Musiker Mat Redman wurde in einem Interview gefragt, was aus seiner Sicht Lobpreis und Anbetung sei. Ich finde seine Erklärung sehr gut:

Anbetung ist das, was wir tun, wenn wir zu begreifen beginnen, wer Gott wirklich ist und was er für uns getan hat. Es ist eine Antwort, ein Reflex. Wir atmen die Wunder Gottes ein – was wir ausatmen, ist die Antwort, ist Anbetung. Manchmal singen wir unsere Antworten. Die mächtigste und am längsten anhaltende Anbetung passiert aber durch unser Leben.

Anbetung heisst, darüber zu reden und singen, wie Gott ist. Ihm Komplimente zu machen. Wenn wir das tun, hat das Auswirkungen auf uns selbst. Noch einmal Mat Redman:

Ich nähre das Feuer der Anbetung, indem ich an der Wahrheit zehre, wer Jesus ist. Dies geschieht in Dingen wie Bibel lesen oder Zurückschauen auf Gottes gewissenhaftes Auftreten in meinem Leben.

Willst du dein Feuer für Jesus behalten? Mach es wie Mat Redman: zehre an der Wahrheit, wer Jesus ist! Ein praktischer Tipp: nimm dir ein Notizblatt und schreibe dir alle Eigenschaften auf, die dir über Gott einfallen: Erlöser, gnädig, Schöpfer, er versorgt uns... Dann nimm dir Zeit und bete Gott mit diesen Eigenschaften an: «Du bist mein Erlöser. Amen! Du bist gnädig. That's it! Du bist unser Schöpfer. Das gilt! Du versorgst uns! Halleluja. So ist es!» Das motiviert, zieht unsere Seele in die Höhe, stärkt unseren Glauben, es facht unser Feuer für Jesus an.

Es ist schön, wenn wir Gott auch gemeinsam erheben können. Das ist ein Grund, warum Gemeinden Gottesdienste, Gebetstreffen, Gebetsnächte oder Gebetswochen durchführen. Diese sind Begegnungszeiten mit Gott. Hier haben wir sehr viele Gelegenheiten, um das Feuer für Jesus zu nähren und an der Wahrheit zu zehren, wer er ist!

Zweite Ermutigung: Freund, erkenne Gott (Verheissungen)

Warum ist es wichtig, Gott zu erkennen? Einige Leute haben Angst, Gott zu nah zu kommen. Aber das ist nicht nötig. Einige haben auch das bedrückende Gefühl: «Gott fordert immer nur etwas von mir. Ich werde es aber vermutlich nicht schaffen, ihm zu gefallen.» Lass dich von solchen Gedanken und Gefühlen nicht ins Bockshorn jagen. Wenn du Gott erkennst, wie er wirklich ist, lässt du ihn auch gerne mitten in dein Leben hineinkommen und -reden. Mitten in dein Herz und dein Entscheidungszentrum, in deine persönliche Hütte Davids[59].

Über 20x leitet Jesus seine Versprechen mit dem Wort Amen ein. Hierzu zitiere ich gerne die Lutherübersetzung, wo Amen mit dem Wort «wahrlich» wiedergegeben wird. Zur Verdeutlichung habe ich das Amen aber stehen lassen. Zwei Beispiele:

Amen, ich sage euch auch: Wenn zwei unter euch eins werden

auf Erden, worum sie bitten wollen, so soll es ihnen widerfahren

von meinem Vater im Himmel.

Matthäus 18,19

---

[59] Darüber haben wir in Kapitel 6 geredet.

Amen, amen, ich sage euch:

Wer glaubt, der hat das ewige Leben.

Johannes 6,47

Natürlich gibt es noch ganz viele Versprechen in der Bibel, die nicht mit einem Amen eingeleitet werden – aber auch dort gilt dasselbe: was Gott verspricht, das hält er ein. Dabei lernen wir ihn besser kennen. Freund, erkenne Gott! Das heisst: kenne seine Verheissungen!

Weisst du, wie eine Verheissung Gottes in deinem Leben real werden kann? Erstens: schaue die Verheissung genau an - es steckt eine Vision darin, was Gott in deinem Leben tun kann! Und zweitens: erfülle die Bedingung, an welche die Verheissung geknüpft ist. Beides ist wichtig! Und: die Reihenfolge ist wichtig!

Wir begegneten einmal einer Frau, die hatte ein kleines Buch mit Bibelversen bei sich. Aber diese Verse waren nur halbe Aussagen - es handelte sich nur um Aufforderungen und Bedingungen, um Dinge, die wir tun sollen. Die Verheissungen und Versprechen Gottes, die in der Bibel oft gleich nebenan stehen, waren in diesem Büchlein nicht abgedruckt. Könnt ihr euch vorstellen, wie deprimierend es war, nur zu lesen, was Gott von einem will, aber nie zu hören, was er uns verspricht? Geht es dir manchmal auch so?

Freund, erkenne Gott!

Das heisst:

kenne seine

Verheissungen!

Versuch's mal mit der nächsten biblischen Verheissung, welche dir ins Auge springt. Frag nach diesen zwei Dingen. Welches ist die Vision in der Verheissung, damit ich sie glauben kann? Und welches ist die Bedingung, damit ich sie umsetzen kann. Amen? That's it!

Glaubst du, dass Gottes Wort dein Leben positiv verändern kann? Brauchst du einen Beweis? Sieh auf Jesus, wie er am Kreuz von Golgatha hing. Der letzte Satz, den er dort aussprach, lautet: «Es ist vollbracht!»[60] - That's it! Es genügt, was Jesus getan hat. Jesus ist das verkörperte Amen Gottes auf alle Verheissungen![61] Darum, wenn du Zweifel hast, ob Gottes Verheissungen für dich wirklich stimmen, wende dich heute bewusst Jesus zu. Er ist dein Ja und Amen.

Dritte Ermutigung: Freund, erlebe Gott
(Segen)

Freund, erlebe Gott und hilf mit, dass andere Gott als segnenden Gott erleben können.

Segnen heisst: Gutes von Gott über anderen aussprechen. Ein Segen ist ein erfüllbarer Wunsch aus der Sicht Gottes über jemandem. Hierzu können wir Amen sagen, denn es ist wahr, dass Gott gut ist. Es ist wahr, dass Gott die beschenken will, die mit Jesus unterwegs sind.[62]

Ich wünsche euch, dass der Gott des Friedens mit euch allen ist!
Amen!
Römer 15,33

Früher nahm ich das Segnen als etwas Formelles wahr. Etwas, was am Ende eines Gottesdienstes gemacht wird. Oder etwas, was mit schönen Textkarten weitergegeben werden oder mit Landschaftsbildern über den Bildschirm flimmern kann. Ich wurde dann stark herausgefordert, als ich Marc Holmen[63] zuhörte. Er sprach über das Segnen. Dabei erzählte er, wie wesentlich es sei, dass Eltern ihre Kinder segnen. Nicht nur

---

[60] Diesen letzten Ausspruch Jesus' am Kreuz kannst du in Johannes 19,30 nachlesen
[61] So wird Jesus in 2. Korinther 1,20 beschrieben
[62] In Johannes 10,10 sagt Jesus, dass er gekommen ist, um uns das Leben in Erfüllung und Überfluss zu bringen. In Hebräer 11,6 steht der Fakt, dass wer Gott nahen will, an seine Existenz glaubt und daran, dass er denen, die ihn suchen, eine Belohnung schenken will.
[63] Marc Holmen ist Autor von „Glaube zu Hause leben". Einige seiner Impulse wurden unter www.orangeleben.ch weiter ausgeführt.

einmal, sondern immer wieder, täglich. Beim in die Schule gehen, wie auch beim zu Bett gehen. Ich habe mich herausfordern lassen. Und vielleicht bist jetzt du an der Reihe, dich herausfordern zu lassen. Es war für mich zunächst befremdend. Ich überlegte: Was für einen Segen kann ich denn meinen Kindern überhaupt geben, zu welchem ich auch Amen sagen kann? Es war ungewohnt, nach dem Gutenachtgebet die Augen zu öffnen, mein Kind anzuschauen und ihm geradeheraus etwas Gutes von Gott zuzusprechen. Ich orientierte mich zum Beispiel an 4. Mose 6,24-26 und segnete meine Kinder etwa so:

Der Herr segne dich und behüte dich. Der Herr lass sein
Angesicht über dir leuchten - ja, er soll dich mit leuchtenden
Augen anschauen - und er sei dir gnädig. Der Herr erhebe sein
Angesicht über dich - so wie ich das jetzt grad tue, dich
anschaue, während du so im Bett liegst - und der Herr schenke
dir seinen Frieden. Amen.

Was ich nicht geglaubt habe: Marc Holmen hatte davon erzählt, wie für seine Kinder das Segnen zu einem Bedürfnis geworden sei. Genauso kam es bei uns auch. Es kam vor, dass ein Kind von sich aus wünschte, es möchte zuerst gesegnet werden, bevor es in die Schule geht.

Wann hast du das letzte Mal erlebt, dass jemand dich gesegnet hat? Dass jemand Gutes von Gott über deinem Leben ausgesprochen hat? Mit einem gewaltigen Amen? Mit einem That's it? Ich ermutige dich: erlebe Gott - und suche seinen Segen! Nutze die Gelegenheiten, die sich dir bieten. Segnet einander als Ehepartner! Eltern, segnet eure Kinder! Lasst für euch beten durch Christen. Mach heute den ersten Schritt. Geh in deinen Alltag in der Haltung, dass du selbst ein Segen für andere sein wirst.

Dein Slogan?

Gott gibt uns seine Verheissungen. Amen - That's it! Gott zeigt sich uns, wie er ist. Amen - That's it! Und Gott segnet uns. Amen - That's it! Diese drei Ermutigungen begleiten uns: Freund, erhebe Gott - im Lobpreis. Freund, erkenne Gott - und seine Verheissungen. Freund, erlebe Gott - als Gesegnete oder Segnender.

That's it und Amen!

Zum Weiterdenken

1. Gedankenloses Amen:

   Betest du? Dann gehörst du zur Mehrheit der Menschen auf diesem Globus. Wie bewusst ist dein Beten? Oft schleichen sich Füllwörter ein, wie das «Herr». Oder die Gedanken schweifen ab und unser Mund betet weiter. Beobachte dich selbst und mach den Test: sprich mindestens eine Zeitlang nur dann dein Amen aus, wenn es sich um Lobpreis, eine Verheissung oder einen Segen handelt! Wie geht es dir damit?

2. Gott erheben im Lobpreis:

   Kennst du ein Lied voller Lobpreis und Anbetung für Jesus, den Vater im Himmel oder den Heiligen Geist? Welche wahren Aussagen über Gott bestätigst du gerne mit deinem Amen?

3. Gott erkennen in den Verheissungen:

   Wenn wir Jesus kennenlernen, gibt seine göttliche Kraft uns alles, was wir brauchen, um ein Leben zu führen, über das Gott sich freut.[64] An welche biblischen Verheissungen erinnerst du dich? Was zeigen sie dir über den wahren Charakter und die Eigenschaften Gottes?

4. Gott erleben im Segnen:

   Jemand anderem etwas Gutes zu wünschen, das ist einfach. Aber ihm einen Segen zuzusprechen bedeutet ja: ihr oder ihm das zu wünschen, was Gott dieser Person wünscht. Nur dazu kannst du Amen sagen. Was weisst du darüber, was sich Gott für andere Menschen wünscht?

---

[64] Was es alles bedeutet, Jesus immer besser kennen zu lernen, kannst du in 2. Petrus 1,2ff vertiefen!

Kapitel 10
Gebet heisst, unserem Vater begegnen

Was ist Beten?

Dwight Moody, ein beliebter amerikanischer Prediger im 19. Jahrhundert war auf Verkündigungs-Tournee in Schottland. Einmal sprach er zu einer Gruppe Kinder. Um die Kids abzuholen, stellte er diese Frage: «Was ist Gebet?» Eigentlich wollte er sofort weiterreden und war darum überrascht, dass viele Kinder die Hand hochstreckten. Er fragte einen Jungen, der eine perfekte Antwort gab: «Beten heisst, unsere Bitten im Namen von Jesus vor Gott bringen; unsere Bitten um Dinge, die mit seinem Willen übereinstimmen. Zusammen mit dem Bekenntnis unserer Sünden und dankbarer Anerkennung von Gottes Barmherzigkeit.» Moody war platt. Er war beeindruckt und erfreut, dass die Kinder in Schottland offenbar lernten, was Beten ist. Das war nicht überall so, wo er hinkam. Darum sagte er dem Jungen: «Danke Gott, mein Junge, dass du in Schottland geboren wurdest.»

Das war vor vielen Jahren. Würden die Kids in Schottland heute auch so spontan eine wahre Antwort auf die Frage haben, was Gebet ist? Und die Kinder in unserem Land, in unserem Ort? Und du, die oder der du dieses Buch liest?

Gott sehnt sich nach einer Gemeinde, die betet

«Wenn mein Volk, das meinen Namen trägt, dann Reue zeigt,

wenn die Menschen zu mir beten und meine Nähe suchen und

zu mir zurückkehren, will ich sie im Himmel erhören und ihnen

die Sünden vergeben und ihr Land heilen.»

Das, was hier in 2. Chronik 7,14 steht, ist eine Verheissung Gottes! Dazu können wir ,Amen' sagen! That's it! Diese Verheissung steht nicht für sich allein![65] Immer wieder wird in der Bibel deutlich: Gott will Beter! Gott braucht unsere Gebete! Und ehrlich gesagt, bin ich überzeugt: wir brauchen die Gebete auch! Vor allem wir brauchen die Gebete!

1000 und 1 Grund, um nicht gemeinsam zu beten

Es gibt 1000 Gründe, warum wir das gemeinsame Gebet nicht ernst zu nehmen brauchen. Wer nicht an Gott glaubt, hat natürlich noch 1000 weiter Gründe. Wenn dich das betrifft, lieber Leser, dann lass dich doch einfach für einmal darauf ein, als gäbe es Gott tatsächlich, wie ich es in diesem Buch zu beschreiben versuche. Es gibt immer noch genug Gründe, nicht zu beten.

Ich könnte bei mir selbst anfangen und solche Gründe aufzählen: Müdigkeit, zu viel zu tun, es fehlt der Zugang zum Beten, es ist nicht mein Ding, ich bete lieber alleine und für mich, ich brauche das nicht, es reicht, wenn andere beten...

Oder auch: «Ich weiss nicht, wie beten geht.» Ich erinnere mich an eine Jugendliche, die neu zum Glauben an Jesus gekommen war. Sie spürte in der christlichen Jugendgruppe die Erwartung, dass sie einfach beten können sollte. Sie war damit aber überfordert und sagte das den andern Jugendlichen auch. Sie wollte es zuerst lernen... Mich tröstet dabei, dass die Jünger von Jesus auch den Wunsch äusserten, beten zu lernen.[66]

Als Freie Evangelische Gemeinde Hochdorf starteten wir in das zehnjährige Jubiläumsjahr mit einer Gebetswoche. So eine Woche ist eine Gebetsschule! Jede und jeder konnte dazukommen und Gebetszeiten miterleben. Durch das Dabeisein und Zuhören war es möglich, beten zu lernen. Hilfreich war dabei, innerlich mitzugehen, denn beten ist eine Sache des Herzens.

Man kann beten lernen. Und trotzdem ist es einer der vielen Gründe, nicht zu

---

[65] Lies nach in 2. Chronik 7,15; Matthäus 7,7; Johannes 14,12-14 und in vielen anderen Stellen.
[66] So beginnt der Evangelist Lukas seinen Abschnitt übers Vaterunser-Gebet in Kapitel 11,1

beten – oder mindestens nicht gemeinsam zu beten. Alle diese 1000 Gründe bündeln sich aber in einem einzigen Grund, warum wir Schwierigkeiten mit dem Beten haben. Das ist der Knackpunkt. Ich komme gleich darauf zu sprechen, aber lass mich zuerst noch etwas zu der oben zitierten Bibelstelle aus 2. Chronik 7,14 sagen.

Was ist Beten für dich?

Es ist nicht unwesentlich, dass wir verstehen, was Beten eigentlich ist. Ich erlaube mir vier Fragen:

Ist Beten für dich, wie wenn du als Bettler zu einem reichen Mann kommst und hoffst, dass er dir ein Almosen gibt? Beten ist doch Gott um etwas bitten, nicht wahr? Es heisst ja: «wenn mein Volk meine Nähe sucht und betet...»

Ist Beten für dich, wie wenn du Gott ständig in den Ohren liegen und ihn überreden musst, doch endlich etwas zu tun? Es heisst ja: «Wenn mein Volk Reue zeigt...»

Ist Beten für dich, wie wenn du Gott als deine Notrufzentrale einspannst? Es heisst ja im Zusammenhang dieser Bibelstelle, dass es keinen Regen gab, dass die Ernte vernichtet wurde, dass Krankheiten da waren - dann kommt ihr und betet! Tatsächlich sagt Gott in einer Verheissung: «Rufe mich an in der Not, so will ich dich erretten und du sollst mich preisen!»[67]

Ist Beten für dich, wie wenn du Gott als deinen Diener einspannst? Wie ein Flaschengeist, der dir erscheint und dich mit tiefer Stimme ehrfürchtig fragt: «Meister, was befiehlst du?» Du bringst ihm deine Wünsche, deine Bestellung sozusagen... Es heisst ja: «ich will sie im Himmel erhören»

---

[67] Diese Bibelstelle ist bekannt als die himmlische Telefonnummer 50-15; sie steht in Psalm 50,15

Dem Knackpunkt auf der Spur

In allen vier Fragen steckt etwas Wahres, aber keine dieser Haltungen wird deine Gebetsleidenschaft entfachen. Warum eigentlich sollte Gott solche Gebete erhören?

Beten und reich beschenkt werden

Gott ist kein reicher Mann, der zu uns Menschen distanziert ist und uns mal willkürlich etwas in den Hut legt. Die Haltung, dass wir uns als Bettler sehen und wir Gott den leeren Hut hinstrecken und nur eine Gabe von Gott wollen, ist verkehrt. Richtig ist schon, dass wir uns als Bettler sehen. Jesus bezeichnet uns in diesem Fall sogar als sehr glücklich:

> Gott segnet die, die erkennen, dass sie ihn brauchen, denn
>
> ihnen wird das Himmelreich geschenkt.
>
> Matthäus 5,3

Aber tatsächlich stehen wir als Bettler vor diesem unermesslich reichen Gott, der sagt: «Ich will euch an meiner Fülle Anteil geben...» und wir fragen besser: «Darf ich hereinkommen, darf ich zu deiner Familie gehören?»

Beten und dabei geformt werden

Gott ist auch kein schwerhöriger, seniler Opa, der auf seinem Vermögen sitzt, und den wir mit unseren Ohrwürmern traktieren könnten. Die Haltung, dass wir als Erbschleicher oder mittels Grossmuttertrick bei Gott ankommen, ist verdreht. Gott will natürlich schon, dass wir es beim Beten ernst meinen - auch dass wir unsere Anliegen immer und immer wieder bringen, bis er uns eine Antwort gibt. Mir fallen gleich zwei Dinge dazu ein: erstens die Geschichte, die Jesus von einer armen Witwe erzählt, welche so lange bei einem ungerechten Richter um ihr Recht gekämpft hat, bis er nachgab.[68] Mit dieser

---

[68] Die Geschichte wird in Lukas 18,1-8 berichtet

Geschichte zeigt uns Jesus, dass der himmlische Vater uns umso lieber geben wird, worum wir bitten. Die Ermutigung für uns lautet also «P.U.S.H.»: Pray until something happens – bete, bis etwas geschieht!

Das zweite, was mir dazu einfällt, ist ein Zitat von George Verwer, dem Gründer von Operation Mobilisation. Er schreibt in seinem empfehlenswerten Buch «Gnade gewinnt»:

«Ich glaube an das Gebet und praktiziere es.
Ich vertraue darauf, dass Gott Gebete erhört.

Dieses starke Vertrauen wünsche ich uns allen! Hören wir ihm weiter zu:

Aber ungehörte oder scheinbar ungehörte Gebete
sind der Altar,
auf dem Gott Männer und Frauen nach seinem Willen schafft.

Der Altar ist ein Ort des Opferns. Es kostet etwas. Unerhörte Gebete kosten! Aber es entsteht daraus etwas Wunderbares: Gott formt Männer und Frauen nach seinem Willen! Willst du das erleben? Warum sollten wir Männer und Frauen nach seinem Willen werden? Ganz einfach: nur so kann Gottes Liebe auf dieser Welt zum Ziel kommen! Die Menschen in unserer Umgebung sehnen sich nach Liebe. Nur wer sich dem Willen Gottes unterordnet, kann die Liebe Gottes weitergeben. Und offenbar hat Gott an George Verwer sehr viel gearbeitet, denn dieser fährt fort:

Mein Leben ist voller unbeantworteter Gebete. Nicht einmal die
Hälfte meiner Gebete wurden erhört, jedenfalls nicht bis jetzt.»

George Verwer ist deswegen aber nicht gebetsmüde geworden, im Gegenteil. Er betete weiter und im Alter noch mehr als früher. Sein Gottesbild ist nicht das des Ohrwurm-Gottes. Nein, er sieht Gott als gütigen Gott, der uns nach seinem Willen prägen will. Und dazu gehören auch Gebete, die Gott nicht erhört - mindestens nicht so, wie wir uns die Erhörung vorgestellt haben.

Leidest du darunter, dass einige deiner Gebete nicht erhört worden sind?

Kannst du keine Antwort Gottes erkennen? Bist du deswegen gebetsmüde geworden? Vielleicht auch weil du denkst: Ich darf Gott doch nicht in den Ohren liegen mit diesen Dingen. Er wüsste es ja schon lange? Lass dich ermutigen: P.U.S.H.! Bleib dran, aber richte deinen Blick nicht auf das, was du dir wünschst, sondern auf Gott selbst, der dich zu einem Mann, zu einer Frau nach seinem Willen formen will.

Beten und Gott täglich begegnen

Weiter: Gott ist kein Notfall-Gott! Unsere Haltung, Gott einfach dann zu kontaktieren, wenn etwas nicht okay ist, ist verkehrt. Es ist richtig, dass wir Gott in unserer Not anrufen. Er hilft uns gerne. Aber er will mehr: er will uns begegnen!

Bei einem Unfall in der Sportstunde als Kind renkte ich meinen Finger aus. Meine Lehrerin brachte mich zur Notfallaufnahme ins Spital. Dort lernte ich Dr. Notter kennen. Ich hatte ihn vorher meines Wissens nie gesehen. Höchstens von ihm gehört. Ein alter, erfahrener, väterlicher Arzt. Es tat gut, mich von ihm behandeln zu lassen. Er sprach tröstend und ermutigend mit mir. Mit einem Ruck renkte er meinen Finger wieder ein. Danach ging ich weg - und ich habe ihn nie mehr gesehen.

So viel der Himmel höher ist als die Erde, so sind meine Wege höher als eure Wege und meine Gedanken als eure Gedanken.
Jesaja 55,9

Gott ist viel mehr als ein Notfallarzt. Mehr als ein Dr. Notter. Er will uns täglich begegnen, er will Gemeinschaft mit uns. Und damit das geht, ist er zuerst ein Erlöser-Gott, der uns aus unserer natürlichen Gottlosigkeit und unserem Unglauben heraus rettet, der uns vergibt und heilt.

Beten und Gott mit Respekt begegnen

Schliesslich: Gott ist auch kein Diener-Gott oder Flaschengeist. Die Haltung, dass Gott zuständig ist, unsere Wünsche zu erfüllen, uns einen Kick zu verschaffen oder uns dies oder jenes zu schenken, ist verkehrt. Es ist richtig, dass wir durch Jesus Christus Autorität bekommen. Aber das heisst nicht, dass wir plötzlich auf derselben Ebene stehen wie Gott - oder gar noch höher - und dass wir bei ihm einfach abrufen können, was wir gerade brauchen, wie bei einem kosmischen Online-Gratisanbieter. Es heisst auch nicht, dass die Grenze zwischen Mensch und Gott aufgehoben wäre. Es ist so: wir sind immer noch Menschen und Gott ist immer noch Gott.

In der Nähe des Vaters

Es gibt sicher 1000 Gründe, die uns hindern, zu beten - aber dieses ist wohl der eine Grund, der allen andern zugrunde liegt: Mangelnde Vertrautheit mit dem Vater.

Schauen wir nochmals 2. Chronik 7,14 an: «mein Volk, das meinen Namen trägt». Ich trage den Namen Wüthrich, weil mein Vater diesen Namen trägt. Meine Kinder tragen den Namen Wüthrich, weil meine Frau und ich diesen Namen tragen. Gott sagt, dass sein Volk seinen Namen trägt. Wessen Namen tragen wir? Als Christen tragen wir den Namen von Christus. In Apostelgeschichte 11,26 wird klar, dass mit «Christen» die Gläubigen, die Nachfolger und Jünger von Jesus gemeint sind. Als Kinder Gottes tragen wir den Namen des Vaters! In Johannes 1,12 wird sogar beschrieben, dass wir das Privileg und die Autorität haben, Kinder Gottes zu heissen. Sind wir uns bewusst, dass Beten in erster Linie bedeutet, durch Jesus dem himmlischen Vater zu begegnen?

Der eine Grund, in dem sich die 1000 Gebets-Hindernisse bündeln: mangelnde Vertrautheit mit dem himmlischen Vater

Das höchste Ergebnis des Gebets ist nicht Erlösung vom Bösen oder Sicherung eines begehrten Gegenstandes, sondern Erkenntnis Gottes.

(aus: Der knieende Christ)

Beten ist Gemeinschaft mit Gott. Beten ist Reden mit Gott - nicht Reden zu Gott. Beten ist, dem Vater zu begegnen. Ich meine damit nicht: husch, husch, oberflächlich begegnen, sondern in tiefer Vertrautheit!

Da ist jemand, der hatte seinen leiblichen Vater sein Leben lang nie gesehen. Eines Tages ging er durch eine Stadt und sah einen Mann, der ihm selbst sehr ähnlich war, einfach zwei, drei Jahrzehnte älter. Der andere sah ihn auch. Die beiden Männer schauten sich einen Augenblick an, die Zeit stand für einen Moment still, beide dachten: «Das müsste er sein.» Aber beide sagten kein Wort und gingen weiter. Das war eine Begegnung mit dem Vater, ohne wirklich eine Begegnung zu sein.

Eine solche Begegnung wünsche ich uns mit dem himmlischen Vater nicht. Sondern, dass wir stehenbleiben und reden, erkennen und erkannt werden. Das wünscht sich Gott von uns.

Gott in Vertrautheit begegnen, wie einem Freund

Gott durch Jesus als Vater anbeten

Gott im Alltag begegnen

Wir können Gott auf drei Ebenen begegnen:

a. Gott im Alltag begegnen

b. Gott durch Jesus als Vater anbeten

c. Gott in Vertrautheit begegnen, wie ein Freund mit seinem Freund zusammen ist: hier hört er auf unsere Bitten und freut sich an unserer Dankbarkeit[69]

Ich glaube, es ist diese dritte Ebene, welche der beliebte Prediger Billy Graham als 92-jähriger ansprach: «Ich hätte gerne mehr Zeit damit verbracht, Gott einfach zu sagen, wie sehr ich ihn liebe.»

Beten lernen und Gott begegnen

Das wollen wir entdecken: dem Vater gemeinsam begegnen! Im Beten und im Anliegen vorbringen, in Dankbarkeit und Anbetung. In einer Zeit mit Gott

---

[69] nach: Der knieende Christ

hatte ich ein persönliches Aha-Erlebnis. Ich schrieb in mein Tagebuch: «Wir brauchen Hilfe, wir brauchen die Kraft Gottes! Ja, aber wie bekomme ich diese Kraft? Fliegt sie mir an? Bekomme ich sie intravenös eingeflösst? Ich lerne: ich bekomme die Kraft, wenn ich meinem Vater im Himmel begegne. Beim Beten!»

Ich bitte und ermutige dich: lass die verkehrten Haltungen beim Beten hinter dir. Wir wollen umkehren, bereuen, wo wir mehr die Gabe als den Vater gesucht haben. Suche die vertraute Beziehung mit dem Vater!

Zum Weiterdenken

1. 1000 Gründe, um nicht zu beten:
   Welche Hindernisse zum Beten – allein oder gemeinsam - kennst du in deinem Leben oder beobachtest du in deinem Umfeld?

2. Vier begrenzende Haltungen:
   Betteln wie Bettler, fordern wie Demonstranten, anrufen wie bei der Notrufzentrale oder sich bedienen lassen wie Aladin? Welche dieser Haltungen sind dir vertraut? Welchen Zusammenhang haben sie mit den 1000 Gründen, um nicht zu beten?

3. Mangelnde Vertrautheit mit dem Vater:
   Teilst du meine Überzeugung, dass hier der Knackpunkt liegt, warum Menschen nicht oder kaum beten? Wenn ja, warum? Wenn nein, was ist deiner Meinung nach der Knackpunkt?

Kapitel 11
Beten ist der heisse Draht zum Himmel

Bist du oft online?

Gott hat den heissen Draht für dich eingerichtet. «Als Heisser Draht (engl.: hot line) oder Rotes Telefon wurde eine ständige Fernschreiberverbindung zwischen der Sowjetunion und den Vereinigten Staaten bezeichnet.»[70]

Der heisse Draht ist eine ständige Verbindung. Er ist sofort bereit, wenn man den Knopf drückt. Das Rote Telefon zwischen den USA und der Sowjetunion wurde 1963 eingerichtet und sollte helfen, friedensgefährdende Missverständnisse zu verhindern. 1967 während dem Sechstagekrieg in Israel wurde es zum ersten Mal eingesetzt, als der sowjetische Ministerpräsident Kossygin mit dem amerikanischen Präsidenten Johnson eine Lagebesprechung wünschte.

Wir kennen die himmlische Telefonnummer 50-15 nicht nur für Notrufe. In Psalm 50,15 ermutigt uns Gott, ihn in Notsituationen anzurufen. «Dann will ich dich erretten, und du sollst mir die Ehre geben!» Diese Einladung wird in Hebräer 4,16 als Aufforderung, Gott zu begegnen, erneut ausgesprochen:

> *Lasst uns deshalb zuversichtlich vor den Thron unseres*
> *gnädigen Gottes treten. Dort werden wir Barmherzigkeit*
> *empfangen und Gnade finden, die uns helfen wird,*
> *wenn wir sie brauchen.*

Es ist eine Einladung Gottes, online mit ihm zu sein. Die Verbindung zu ihm ist definitiv sicher, sie wird nicht abgehört und sie ist auch – wie der heisse Draht – entsprechend verschlüsselt. Ich meine damit, dass Gott uns mit dem Gebet eine unheimlich starke Sache in die Hand gibt, bei der nicht einmal der

---

[70] https://de.wikipedia.org/wiki/Heißer_Draht, abgefragt am 1.November 2024

Böse in Person eine Möglichkeit hat, die Leitung zu kappen. Wie ist das möglich? Gott selbst stellt diesen heissen Draht sicher durch die Gegenwart seines Heiligen Geistes. Wenn wir beten, betet der Geist Gottes mit:

> *«Der Heilige Geist hilft uns in unserer Schwäche. Denn wir*
> *wissen ja nicht einmal, worum oder wie wir beten sollen. Doch*
> *der Heilige Geist betet für uns mit einem Seufzen, das sich*
> *nicht in Worte fassen lässt.»*
> *Römer 8,26*

Wir haben einen heissen Draht zum Himmel

Bis zum ersten Einsatz 1967 wusste der amerikanische Verteidigungsminister McNamara nicht, dass die Leitungen des heissen Drahtes unter seinem Büro endeten. Ich kann mir vorstellen, wie überrascht er war, dass er damals Kossygin am Apparat hatte.

Wir haben einen heissen Draht zum Himmel! Es ist für uns ein Vorrecht, nicht nur mit dem himmlischen Verteidigungsminister zu sprechen – das wäre vielleicht der Erzengel Michael - sondern mit dem Präsidenten der Präsidenten, dem König der Könige, dem Herr aller Herren und Chef aller Chefs. Was für ein Vorrecht, dass Gott uns normalen Menschen einen heissen Draht in die Finger drückt. Das hat damit zu tun, dass er unser Vater ist und uns das Privileg und die Autorität gibt, Kinder Gottes zu heissen. Uns, die wir an Jesus Christus glauben. Dieser Vater sagt dir und mir: «Du kannst mich jederzeit erreichen, egal zu welcher Tageszeit!»

Und wenn wir vom Himmel sprechen, dann nicht von dieser Region über den Wolken. Auch nicht von einer rein jenseitigen Welt. Wohin führt unser heisser Draht denn? Der Himmel ist das unsichtbare Reich Gottes, das ganz nah ist.[71]

---

[71] Es war Jesus' Kernbotschaft: es ist Zeit, das Reich Gottes ist gekommen. Darum kehrt um und glaub an diese gute Nachricht. So beschreibt es zum Beispiel Matthäus in Kapitel 4,17.

Der Himmel ist auch der Ort, zu welchem wir in der Hoffnung auf die Auferstehung der Toten kommen werden.[72] Der Himmel ist der Ort, wo Gott in seiner Heiligkeit herrscht.[73] Und der Himmel ist der Tresor aller Segnungen, die Gott für uns bereithält.[74]

Bei Bruce Wilkinson habe ich diesen passenden Vergleich gefunden: da kommst du nach deinem Tod an diesen wunderbaren Ort, den Jesus für dich vorbereitet hat. Dort entdeckst du ein grosses Vorratshaus mit vielen Paketen. Man sagt dir, dass es sich um die Segnungen handelt, welche Gott für Menschen bereithält. Darunter gibt es etliche Pakete, welche mit deinem Namen versehen sind. Du fragst: «Was ist denn los? Warum habe ich diese Segnungen in meinem irdischen Leben nie erhalten?» Die Antwort ist ernüchternd: «Sie wurden nie abgeholt. Du hast nie darum gebeten.» [75]

Ich habe mich gefragt: Stimmt das wirklich? Hat diese Geschichte etwas Wahres? Ist Gott nicht grosszügig und gnädig, souverän und erhaben, dass er einfach jedem von seinen Segnungen zuteilt, wie er gerade will? Ich dachte dabei an die biblische Wahrheit, dass der Heilige Geist jedem Gläubigen Gaben zuteilt, wie er will.[76]

Aber Gott will uns nicht einfach bedienen. Er will uns nicht einfach nur mit Gaben und Segnungen beschenken. Er will uns in erster Linie begegnen. Wir sind seine geliebten Menschen. Mit uns will er das Paradies wiederherstellen. Mit dir und mit mir einen Weg gehen, um diese Welt zu heilen. Und damit dies geschehen kann, legt er den heissen Draht in unsere Hand und ermutigt

---

[72] Johannes 5,29 beschreibt, dass Tote auferstehen werden – entweder zum ewigen Leben im Himmel oder zum Gericht – also zu einem Zustand der Trennung von Gott.

[73] Lange vor der Zeit Jesus' lebte der Prophet Jesaja, der in einer unbeschreiblichen Vision einen Blick in den Himmel tun durfte. Eindrücklich beschrieben in Jesaja 6,1ff.

[74] Und wir wissen ja: Segen ist Gutes von Gott für uns. Entdecke mehr dazu in Epheser 1,3.

[75] Frei nach Wilkinson. Das Gebet des Jabez.

[76] Diese Wahrheit findest du im Neuen Testament der Bibel, in 1. Korinther 12,11. Der ganze Abschnitt in 1. Korinther, Kapitel 12 bis 14, handelt von den Geschenken Gottes, nach denen wir uns aber auch ausstrecken sollen. Die wichtigste Gabe ist die Liebe, 1. Korinther 14,1.

uns zu beten! Bete, damit du erhältst! Suche Gott, nicht seine Gaben! Und vertraue ihm! Sonst geht es uns so, dass unsere Segnungspakete im himmlischen Vorratshaus nicht abgeholt bleiben. Auch das ist nämlich eine biblische Wahrheit:

> *Ihr begehrt und habt nichts; ihr schmiedet Pläne und tötet und bekommt nichts. Ihr seid neidisch auf das, was andere haben, und könnt es nicht bekommen; also kämpft und streitet ihr, um es ihnen wegzunehmen. Doch euch fehlt das, was ihr so gerne wollt, weil ihr Gott nicht darum bittet. Und selbst wenn ihr darum bittet, bekommt ihr es nicht, weil ihr aus falschen Gründen bittet und nur euer Vergnügen sucht.*
>
> *Jakobus 4,2-3*

Wenden wir uns einmal mehr dem faszinierenden Kapitel in 2. Chronik 7 zu. Dort legt Gott das Versprechen ab, dass er hört, wenn sein Volk zu ihm bittet: «Ich will sie im Himmel erhören.» In welchem Setting, in welchem Kontext befindet sich dieses gewaltige Versprechen?

Gottes herrliche Gegenwart

Eben wurde der Tempel in Jerusalem fertig gestellt. Dieser Tempel war der israelitische McNamara - über den Tempel sollte der heisse Draht zum Himmel, zu Gott führen. König Salomo betete bei der Einweihungsfeier des beeindruckenden Tempelgebäudes ellenlang in diesem Sinn. Und jetzt antwortet Gott. Hat Salomo wohl damit gerechnet, eine solch eindrückliche und deutliche Antwort von Gott zu bekommen? Rechnen wir damit, dass Gott auf Gebete antwortet?

*Als Salomo sein Gebet
beendet hatte, fiel Feuer
vom Himmel und verzehrte
die Brandopfer sowie alle
anderen Opfer, und die
herrliche Gegenwart des
Herrn erfüllte den Tempel.
Die Priester konnten das
Haus des Herrn nicht
betreten, weil die herrliche
Gegenwart des Herrn darin
war. Als die Israeliten sahen,
wie das Feuer vom Himmel
fiel und die herrliche
Gegenwart des Herrn den
Tempel erfüllte, warfen sie
sich zu Boden und beteten
den Herrn an und lobten ihn:
»Seine Güte ist so groß!
Seine Gnade bleibt ewig
bestehen.«*
2. Chronik 7,1-3

Wir hören Jahrtausende später diese Geschichte. Sie ist längst vergangen. Und doch: sind wir uns bewusst, dass wir jetzt gerade in der Gegenwart desselben Gottes und Herrn stehen? Diese Haltung, in der Gegenwart Gottes zu stehen und von ihm angesprochen zu werden, wünsche ich mir täglich, in meiner persönlichen Zeit mit Gott, wie auch in meinen Begegnungen mit anderen Menschen.[77]

Die Gegenwart Gottes ist nach Salomos Gebet sehr deutlich: Feuer, das vom Himmel kommt. Dieses göttliche Feuer lässt uns an Jesus denken. Von ihm heisst es: «Er will euch mit Feuer und mit Geist taufen! Das ist mit dem Heiligen Geist!»[78] - Jesus selber sagte: «Ich bin gekommen, um auf der Erde ein Feuer anzuzünden - und ich wollte, es würde schon brennen!»[79]

Das Feuer, welches die Opfer im Tempel Salomos entzündet, ist nur der Vorgeschmack. Jetzt erfüllt die Herrlichkeit Gottes das ganze Gebäude.

---

[77] „Jetzt sind wir hier und warten in Gottes Gegenwart, um die Botschaft zu hören, die der Herr dir gegeben hat." Diese Aussage des Cornelius gegenüber Petrus drückt genau das aus. Apostelgeschichte 10,33.
[78] So wird Jesus von dem jüdischen Propheten Johannes der Täufer angekündigt. Matthäus 3,11
[79] Diese seine Sehnsucht beschreibt Jesus in Lukas 12,49

Die diensthabenden Priester können ihre Arbeit nicht mehr verrichten, ja sie können nicht einmal mehr den Tempel betreten. Gottes Gegenwart wird sichtbar, jetzt wirkt er! Die Juden sprachen später von der «Schechina», wenn sie die sichtbare Herrlichkeit des Herrn beschrieben. Diese Schechina war bei Mose auf dem Berg Sinai und sie war hier bei der Tempeleinweihung sichtbar. Aber sie wurde danach jahrhundertelang vermisst. Bis zur Zeit des Neuen Testaments.

In Jesus wurde diese Herrlichkeit wieder sichtbar. Bei der Geburt in Bethlehem – der Himmel war erfüllt von den himmlischen Engels-Armeen, welche Lobpreis für Gott sangen. Bei der Taufe von Jesus – der Himmel öffnete sich, der Heilige Geist wurde sichtbar wie eine Taube und die Stimme des himmlischen Vaters erklang hörbar. Auf einem Berg, den Jesus mit drei Jüngern bestieg, um zu beten - Jesus wurde in Licht eingetaucht. Auch bei Jesus' Himmelfahrt nach seinem Tod und seiner Auferstehung – eine Wolke nahm Jesus auf und liess ihn vor den Augen seiner Freunde verschwinden. Die Herrlichkeit Gottes war wieder zurückgekehrt. Die Schechina war wieder hier!

Und das Beste kommt noch: Jesus gab die Herrlichkeit, die er hatte,[80] weiter an seine Jünger und damit an uns[81]! Das wirkt sich aus auf unsere heilende Gemeinschaft, die sich in unserer Liebe und Einheit äussert! Und das zeigt sich, wenn wir Jesus im Verhalten und Leben immer ähnlicher werden. Der Heilige Geist prägt uns von innen nach aussen[82]. Gewaltig, wenn die Herrlichkeit Gottes so gegenwärtig in unseren Events und Gottesdiensten ist,

---

[80] Der Apostel Johannes beginnt seine Jesus-Biographie mit einem Prolog, wo er Jesus als Wort und Licht Gottes beschreibt, der bereits am Anfang von Himmel und Erde da war, jetzt aber ein Mensch aus Fleisch und Blut wurde. Johannes bezeugt dabei, dass Gottes Herrlichkeit auf Jesus lag, Johannes 1,14.

[81] Nach drei Jahren Unterwegssein mit seinen Jüngern, machte sich Jesus bereit für seinen Weg ans Kreuz. Am Vorabend seiner Kreuzigung betete er für seine Nachfolger und segnete sie. Dabei legte er seine Herrlichkeit auf seine Nachfolger aller Zeiten. Johannes 17,22-23

[82] Der Apostel Paulus schwärmt der Kirche in Korinth in seinem Brief vor, dass die Herrlichkeit des neuen Bundes mit Gott alles Bisherige übertrifft. Ja, sie hat lebensverändernde Kraft, die in den Gläubigen wirksam ist. 2. Korinther 3,18.

dass jeder, der das erlebt, sagen muss: «Wow, unter euch ist Gott! 100%-ig!»[83]

Zurück zu der gewaltigen Erfahrung bei der Tempeleinweihung zur Zeit Salomos. Was geschieht bei den Menschen, die so etwas beobachten durften? Sie beteten Gott an. Anbetung ist der natürliche Reflex. Ich erinnere noch einmal an Mat Redmans Aussage:

> *Anbetung ist das, was wir tun, wenn wir zu begreifen*
>
> *beginnen, wer Gott wirklich ist und was er für uns getan hat. Es*
>
> *ist eine Antwort, ein Reflex. Wir atmen die Wunder Gottes ein –*
>
> *was wir ausatmen, ist die Antwort, ist Anbetung. Manchmal*
>
> *singen wir unsere Antworten. Die mächtigste und am längsten*
>
> *anhaltende Anbetung passiert aber durch unser Leben.*

Hingabe und Lobpreis

Die Gegenwart Gottes zu erleben, führt zu einer Reaktion. Beobachten wir, was bei Salomo und den Israeliten geschieht:

> *Dann brachten der König und das ganze Volk dem Herrn*
>
> *Schlachtopfer. Die Priester und die Leviten nahmen die ihnen*
>
> *zugewiesenen Plätze ein, und die Leviten sangen wie David:*
>
> *«Seine Gnade bleibt ewig bestehen.» Sie begleiteten ihren*
>
> *Gesang mit Musik und spielten auf den Instrumenten, die König*
>
> *David eigens für das Lob des Herrn hatte anfertigen lassen.*
>
> *Den Leviten gegenüber standen die Priester und bliesen die*
>
> *Trompeten, und ganz Israel hörte zu. Dann feierten Salomo*

---

[83] Das geschieht, wenn eine Kirche im Gottesdienst wirklich Gott erlebt. Die Besucher erfahren, dass Gott lebendig ist und an diesem Ort wirkt. 1. Korinther 14,25

und ganz Israel in dieser Zeit sieben Tage lang das
Laubhüttenfest. Eine riesige Menschenmenge war
zusammengeströmt. Am achten Tag fand eine Abschlussfeier
statt. Am Ende dieser Feier schickte Salomo das Volk wieder
nach Hause. Alle waren froh und glücklich, weil der Herr David,
Salomo und seinem Volk so viel Gutes getan hatte.

2. Chronik 7,4-10 (auszugsweise)

Die Opfer damals waren blutige Opfer. Tiere wurden geschlachtet. Seit Jesus am Kreuz sein Blut für unsere Rettung ein für alle Mal vergossen hat, braucht es kein weiteres Blutopfer mehr. Wenn wir Jesus' Opfer für uns persönlich in Anspruch nehmen, werden unsere Gewissen gereinigt und wir selber werden zum Tempel, zur Wohnung Gottes.[84] Und doch bleibt ein Opfer, das für uns gültig ist: unser lebendiges Opfer unseres Körpers nach Römer 12,1-2. Das ist unsere Hingabe. Die zahlreichen Opfer Salomos damals geben uns einen Massstab für unsere Hingabe: gib dich ganz hin in die Hände Gottes. Die leidenschaftliche Einweihung des Tempels gibt uns einen Massstab dafür, wie leidenschaftlich wir

Weil Gott so barmherzig ist, fordere ich euch nun auf, liebe Brüder, euch mit eurem ganzen Leben für Gott einzusetzen. Es soll ein lebendiges und heiliges Opfer sein – ein Opfer, an dem Gott Freude hat. Das ist ein Gottesdienst, wie er sein soll.

Römer 12,1

auch uns als Gemeinde, als Haus Gottes des Neuen Testaments, dem lebendigen Gott weihen. Wie weihen wir das Haus Gottes unter uns ein, die Gemeinde Jesus, die wir selbst bilden?

Der Lobpreis der Israeliten ist gewaltig! Jeder steht an seinem Platz, musizie-

---

[84] Das haben wir im Kapitel 4 unter dem Abschnitt «Gewissensruhe» vertieft.

rend oder hörend - voll dabei. Was kann sich bewegen, wenn wir das für unsere gemeinsamen Lobpreiszeiten als Vorbild nehmen? Und schliesslich feierten sie das Laubhütten-Fest. Gott begegnen im Erinnern und Feiern! Gott will uns begegnen! Die Menschen sind glücklich und fröhlich, weil Gott Gutes tut![85]

So war damals der heisse Draht zum Himmel! Es ging hin und her. Die Leitung lief heiss. Da gab es keine fünf Jahre Sendepause und warten auf die nächste Krise, wie zwischen den USA und der damaligen Sowjetunion, sondern leidenschaftliche Freude daran, dem himmlischen Vater im Gebet und Anbetung, im Feiern und Erinnern zu begegnen.

Gott erhört Gebet

Eines Nachts erschien der Herr dem Salomo und sprach:

Ich habe dein Gebet erhört und will in diesem Tempel eure

Opfer annehmen. Wenn ich den Himmel verschliesse, sodass

kein Regen fällt, oder Heuschrecken sende, welche die Ernte

auffressen, oder meinem Volk Seuchen schicke, und mein

Volk, das meinen Namen trägt, dann Reue zeigt, wenn die

Menschen zu mir beten und meine Nähe suchen und zu mir

zurückkehren, will ich sie im Himmel erhören und ihnen die

Sünden vergeben und ihr Land heilen. Ich will auf alle Gebete

achten, die an diesem Ort gesprochen werden, denn ich habe

dieses Haus ausgewählt und für alle Zeiten als Wohnung

meines Namens geheiligt. Meine Augen und mein Herz werden

für immer hier sein.

2. Chronik 7,12-16

---

[85] Siehe nach im Kapitel 7 unter dem Abschnitt «Begegnungsfest mit Erinnerungseffekt».

Der erste Satz, den Salomo in dieser nächtlichen Gottesbegegnung hörte, war: «Ich habe dein Gebet erhört.» Tut das nicht gut? Salomos Gebete waren: «Bitte erhöre uns, wenn wir beten. Sei uns gnädig, stelle uns wieder her, lass uns über die Feinde siegen...» Wie sieht unser Gebet aus? Beten wir auch so konkret? Und beten wir erhörbar? So dass Gott darauf überhaupt antworten kann? Wie steht's bei uns mit Sünden im Leben, die Gebetserhörungen verhindern wollen? Beten wir im Vertrauen auf den Vater. Welches ist unser Motiv?

In seiner Antwort erläutert Gott die Rahmenbedingungen für die Gebetserhörung. «Wenn mein Volk Reue zeigt, wenn es betet, wenn es kommt, dann werde ich vom Himmel her hören, heilen und vergeben! Ich will auf alle Gebete achten.» Warum? Gott hat diesen Tempel erwählt und geweiht als Begegnungsort zwischen ihm und seinen Menschen. König David hatte vorher noch eine eigene Hütte aufgestellt, die ihm half, Gott in sein Entscheidungszentrum hereinholen.[86] Das soll auch hier unter Salomo im Tempel so sein. Und auch heute, in unserer Zeit. Die Gemeinde von Jesus ist von Gott ausgewählt und ihm geweiht! Die Gemeinde ist der Ort, den sich Gott als Begegnungsort ausgesucht hat. «Ich will auf alle Gebete achten, die an diesem Ort gesprochen werden... Meine Augen und mein Herz werden für immer hier sein!»

---

[86] Im Kapitel 6 unter dem Abschnitt «Die Hütte Davids – ein Bild der Erneuerung» habe ich das weiter ausgeführt.

Zum Weiterdenken

1. Hot Line:

   Nutzt du den heissen Draht zum Himmel regelmässig? Nimm dir 5 Minuten Zeit, lies und verinnerliche Psalm 50,15.

2. «Ihr habt nicht, weil ihr nicht bittet»:

   Was machst du mit dem Fakt, dass Gott im Himmel seinen Segen für dich bereithält?

3. Hingabe und Lobpreis:

   Was ist dir wichtiger? Den Segen Gottes zu bekommen, oder dem Vater im Himmel zu begegnen?

4. «Ich habe dein Gebet erhört!»:

   Bei welchem deiner Gebete sehnst du dich danach, genau diesen Satz von Gott zu hören?

Kapitel 12
Spürst du, wie ansteckend es ist?!

Was ist der Traum, den du erfüllt haben möchtest?

Es gibt eine Gruppe von Menschen, die eine Vision für ihre Ortschaft entwickelt haben. Sie haben sich viele Gedanken darüber gemacht, haben geredet, gerungen, haben viel Zeit und Kraft investiert. Sie möchten ihren Ort verändern und prägen! Für sie ist ihr Dorf mehr als nur ein regionales Zentrum. Endlich konnten sie eines Tages voller Freude bekannt machen: «Unsere Vision ist Realität geworden! Unser Dorf hat das Label «Energiestadt» bekommen!»

Ich spreche vom politischen Gemeinderat eines Dorfes oder einer Stadt in der Schweiz!

Es gibt eine andere Gruppe von Menschen. Sie wollen ihre Ortschaft und ihre Region verändert sehen. Sie ringen darum, reden, hoffen, beten. Sie konnten schon vor Jahren verkündigen, dass ihr erstes grosse Ziel, das zu ihrer Vision gehört, Realität geworden ist: «Im Luzerner Seetal ist eine neue christliche Gemeinde gegründet worden. Mit dem Pulsschlag der ersten Christen der Apostelgeschichte.» Oder: «Wir wollen eine Kirche zum Begegnen im Süden Luzerns sein.» Ähnliches könnte ich von vielen Regionen und Ortschaften sagen, wo Gemeinden gegründet wurden.

Aber sie wissen, dass das nur der Anfang ist. Ihre Vision ist grösser: ihre Ortschaft bekommt das Label «Jesusstadt». Nicht im Sinn eines Logos, das am Ortseingang aufgehängt werden kann. Eher im Sinn davon, was ihren Wohnort prägt. Die ganze Region soll durchdrungen sein von überzeugten Christen aus allen Generationen, die voller Freude an Jesus Christus glauben. Und dieser Glaube ist ansteckend – sowas will man auch kennen lernen. Dieser Glaube ist spürbar - weil die Liebe nicht bloss Worte kennt, sondern Hand und Fuss hat. Und dieser Glaube ist «unser» Glaube! Nicht bloss «mein» Glaube oder «dein» Glaube. Sie erleben eine Einheit, eine Zusammengehörigkeit, die einfach schön ist.

Willst du zu einer solchen Gruppe gehören? Möchtest du der Vision nachleben, die Gott für eine lokale Kirche hat? Es geht nicht um die Vision einer kleinen Gruppe, sondern um Gottes Vision für uns Menschen.

Es geht um Gottes Vision für uns

Eines Tages stand Jesus am See Gennesaret; eine grosse Menschenmenge drängte sich um ihn und wollte das Wort Gottes hören. Da sah er zwei Boote am Ufer liegen. Die Fischer waren ausgestiegen und reinigten ihre Netze. Jesus stieg in das Boot, das Simon gehörte, und bat ihn, ein Stück weit auf den See hinauszufahren. So konnte er im Boot sitzen und von dort aus zu den Menschen sprechen. Als er aufgehört hatte zu reden, wandte er sich an Simon und sagte: »Fahr jetzt weiter hinaus auf den See; werft dort eure Netze zum Fang aus!« Simon antwortete: »Meister, wir haben uns die ganze Nacht abgemüht und haben nichts gefangen. Aber weil du es sagst, will ich die Netze auswerfen.« Das taten sie dann auch, und sie fingen eine solche Menge Fische, dass ihre Netze zu reissen begannen. Deshalb winkten sie den Fischern im anderen Boot, sie sollten kommen und mit anpacken. Zusammen füllten sie die beiden Boote, bis diese schliesslich so voll waren, dass sie zu sinken drohten. Als Simon Petrus das sah, warf er sich vor Jesus auf die Knie und sagte: »Herr, geh fort von mir! Ich bin ein sündiger Mensch.« Denn ihm und allen, die bei ihm ´im Boot` waren, war der Schreck in die Glieder gefahren, weil sie solch einen Fang gemacht hatten, und genauso ging es Jakobus und Johannes, den Söhnen des Zebedäus, die

zusammen mit Simon Fischfang betrieben. Doch Jesus sagte
zu Simon: »Du brauchst dich nicht zu fürchten. Von jetzt an
wirst du ein Menschenfischer sein.« Da zogen sie die Boote an
Land, liessen alles zurück und schlossen sich ihm an.

Lukas 5,1-11

Es geht hier um den Fischzug ein paar jüdischer Fischer - unter besonderen Umständen: Jesus redet ihnen drein. Sie fischen in unmöglicher Situation und fangen unmöglich viele Fische. Wieso mischt sich Jesus ein? Er will ihnen begreiflich machen, dass sie später auf ganz andere Weise in unmöglichen Situationen unmöglich viele Menschen gewinnen werden.

Und Jesus will uns begreiflich machen, dass er mit seiner lokalen christlichen Gemeinde, zu der wir gehören, noch viel vorhat. Er sieht die vielen, vielen Menschen, die Jesus nicht kennen. Er sieht die postmoderne Weltanschau-ung: «Egal, welchen Weg ich gehe, Hauptsache ich bin ehrlich.» Wir denken: «Der Zug für den christlichen Glauben ist bei vielen abgefahren - die wollen gar nicht mehr.» Aber Jesus sagt: «Werft die Netze aus. Ihr werdet in unmög-licher Situation unmöglich viele Menschen für mich gewinnen! Aber werft sie aus, die Netze! Seid eine lebendige und erweckte Gemeinde. Seid eine gute Nachricht für diese Welt. Denn Gottes Vision für diese Welt ist die Gemein-de!»

Jesus wendet sich an einen einzelnen. Er gibt Petrus eine Lebens-Vision: «Von nun an wirst du einer sein, der Menschen fischt.» Ich habe gemerkt, wie wichtig es für mich ist, dass ich Jesus' Lebensvision für mich kenne. Ich habe das nicht wie Petrus in einem Satz gehört. Aber es ist eine Überzeugung, die unter viel Beten und Nachdenken in mir gewachsen ist. Weisst du, was Jesus mit deinem Leben vorhat? Kennst du die Vision des Vaters im Himmel für dich? Gott hat gute Gedanken über dir, weisst du das?[87]

---

[87] Das kannst du nachlesen in Jeremia 29,11 oder Psalm 37,3-7.

Mir fällt etwas auf: die Vision Jesus' ist kein Befehl oder Aufruf an Petrus. Er sagt nicht: «Fische Menschen!» Sondern sie ist eine Aussage über die Zukunft: «Du wirst einer sein, der Menschen fängt.» Jesus zeigt ihm bereits die Vision, wie es sein wird. Und gleichzeitig zeigt er ihm den Weg dazu auf: «von jetzt an» wird sich diese Vision verwirklichen - langsam, aber stetig! Und tatsächlich: sie erfüllte sich bei Petrus auf eindrückliche Art. Beachte schon nur die erste ausführliche Predigt des Petrus an Pfingsten und die Auswirkungen davon: dreitausend Menschen schlossen sich an diesem Tag den Jesus-Nachfolgern an.[88]

Das ist eine Vision: ein Bild der Zukunft, das uns verändert und zum Handeln antreibt!

Als Kernteam der Gemeindegründung in Hochdorf hatten wir eine Vision verfasst. Wir haben darum gerungen, haben gebetet und Gott gefragt: «Zeig uns: was für eine Gemeinde willst du hier aufbauen? Was wird unsere Triebfeder sein? Und was unser Auftrag? Wie können wir Jesus als unseren Herrn ganz gross machen? Wie werden wir uns einander gegenüber verhalten? Worüber sollen die Leute in der Region munkeln, wenn sie von unserer Gemeinde hören? Was erleben Leute an Gottesdiensten oder andern Begegnungsmöglichkeiten?»

Wenn du willst, dass Gottes Vision für dein Leben Realität wird, dann bedeutet das für dich dasselbe, wie für Petrus: er ist aufgestanden und ist Jesus nachgefolgt. Hat das alte Leben zurückgelassen und hat neu angefangen. Und dann hat er von Jesus gelernt, wie das Menschengewinnen geht.

Es ist eine Ehrensache, nach Gottes Vision zu leben

Nicht immer ist die Vision so klar vor den Augen. Ich hatte eine Berufungs-

---

[88] Pfingsten ist das einschneidende Erlebnis, als Gottes Heiliger Geist voller Herrlichkeit die Nachfolger Jesus' erfasst und von eingeschüchterten Menschen zu mutigen Verkündigern der guten Nachricht macht. Die Apostelgeschichte führt das im Kapitel 2 aus – inklusive der bewegenden Predigt des Petrus.

Krise. Was soll ich noch? Ich habe das Predigen gelernt - und das ist meine Berufung: Gemeinde zu bauen. Aber wenn's nicht so gelingt, wie es sollte? Wenn ich versage? Was dann?

In dieser Zeit habe ich den Film «Men of Honour» gesehen. Die Geschichte ist mir eingefahren. Ein junger Schwarzer, Carl Brashear, meldet sich im Nachkriegsamerika zur Armee. Beim Abschied sagt ihm sein Vater: «Mach etwas Besseres aus dir, als ich das bin. Enttäusch mich nicht!»

Der Junge schafft es - als erster Schwarzer macht er Karriere in der Navy. Als Tiefseetaucher. Aber er musste ganz hart durch. Zum Beispiel bei seiner praktischen Aufnahmeprüfung, in welcher er unter Wasser ein Rohrstück zusammensetzen sollte. Sein Offizier wollte verhindern, dass er als Schwarzer die Prüfung bestehen könnte - auch wenn er der Beste war: man hat ihm das Werkzeug nicht wie den andern in einem Sack gegeben, sondern über den ganzen Meeresboden zerstreut.

Durch diesen Film sind mir fünf Dinge wichtig geworden, die uns motivieren und uns helfen können, an der eigenen Vision dran zu bleiben.

1. Wisse, wer du bist

Carl behielt sich während seiner Prüfung auf dem Meeresgrund in Erinnerung, welchen Rang er in der Navy einnimmt und wer er tatsächlich ist: «Mein Name ist Carl Brashear. Ich bin Marinetaucher!» Das Wissen darum hat ihn angespornt.

Deine Identität muss dir klar sein. Du hast einen Namen. Du bist ein Mensch, bist Frau oder Mann. Hast ein bestimmtes Alter. Einen bestimmten Beruf, der auch Berufung ist. Du bist in einem bestimmten Stand, verheiratet oder Single. Du bist ohne leiblichen Nachkommen oder aber Mutter oder Vater. Vielleicht auch im übertragenen Sinn Mutter oder Vater für jüngere Menschen, die dir anvertraut sind. Solches alles gibt ein Bild und formt deine Identität.

Dazu kommt deine Identität vor Gott. Du bist ein Geschöpf. Ein Ebenbild Gottes, das in einer vergänglichen Welt lebt. Du bist geliebt, gerufen – und wenn du auf Gottes Rufen mit deiner Hingabe reagiert hast, bist du erwählt, heilig, ein Kind Gottes. Ein Mensch, der aus der Begegnung mit Gott heraus lebt.[89]

2. Wisse, wo deine Heimat ist

Carls Vater hatte seinem Sohn als Erinnerung ein altes Radiogerät mitgegeben. Darauf eingraviert waren diese Buchstaben: «A.S.N.F.» – A Son Never Forgets. Ein Sohn vergisst nie. Die Erinnerung daran, woher er kam, liess Carl an seiner Vision festhalten, erster schwarzer Navytaucher zu werden.

Deine Herkunft muss dir klar sein. Du bist in einem bestimmten Umfeld aufgewachsen, hast eine intakte Familie erlebt oder vermisst. Du bist geprägt von einer Vaterschaft und Zugehörigkeit. Positiv oder negativ. Wer sind deine Vorbilder? Du trägst ein Erbe mit dir. Vielleicht ein Glaubenserbe. Vielleicht ein Familienvermächtnis. Und etwas brennt in deinem Herzen. Was ist es? Wer ist es? Jemand hat gebetet für dich. Jemand hat in dich Hoffnungen gesetzt.

Etwas wissen wir als Christen: unsere Heimat ist letztendlich nicht hier auf dieser Erde. Unsere Heimat ist der Himmel. Dort ist unser himmlischer Vater. Durch die Begegnung mit ihm werden wir beschenkt, geprägt, zugerüstet. Lese Hebräer 11 um zu erfahren, wie dieses Wissen um eine zukünftige Heimat schlichte Menschen zu Glaubenshelden gemacht hat.

3. Wisse, was deine Berufung ist

Carls Lebensberufung war das Tauchen. Schon als Kind pflegte er diese Leidenschaft. So war er nicht bereit, in der Navy den Job des Küchenjungen zu machen. Beharrlich blieb er an der Vision dran, einmal für die Navy zu tauchen. Nichts konnte ihn von dieser Vision abhalten, seine Berufung erfüllt zu sehen. Nicht einmal die junge hübsche Frau, die er später heiratete. Nicht einmal der feindlich gesinnte Offizier, der später sein Partner wurde.

---

[89] Siehe zur Identität vor Gott z. Bsp. Kolosser 3,12

Deine Vision muss dir klar sein. Wozu lebst du? Welches Lebensziel wird dich auch dann noch in Bewegung setzen können, wenn du auf dem Meeresgrund Werkzeuge suchen musst und alles verloren erscheint? Welche Leidenschaft erlebst du als Antrieb im Leben? Wie verbindet sich diese Leidenschaft mit dem ganz grossen Ziel Gottes, nämlich: seine Herrschaft und Prinzipien sollen unter uns Gestalt annehmen? Welche Fähigkeiten und Gaben hast du? Was sagen diese aus über deine Lebensberufung?

Lasst uns festhalten an dem Bekenntnis der Hoffnung und nicht wanken; denn er ist treu, der sie verheißen hat; und lasst uns aufeinander achthaben und einander anspornen zur Liebe und zu guten Werken.
Hebräer 10,23-24 LUT

Gott selbst hat zu dir gesprochen. Er ist dir begegnet. Er hat dich in deiner Vergangenheit geführt. Kannst du das erkennen? Was sagt das über deine Lebensvision, deine Lebensberufung aus? Egal, ob du deine Vision sehr detailliert erkennst oder eher als grobe Zielrichtung, sobald du etwas darüber weisst, was Gott mit dir vorhat, wird es dich in Bewegung setzen.

4. Verfolge das Ziel durch alle Hindernisse

Der DQ, sprich Durchhalte-Quotient, von Carl war extrem hoch. Die Ausdauer, die er bewies, als er stundenlang und unterkühlt seine Prüfung auf dem Meeresgrund ablegte, beeindruckte alle. Dass der DQ ein wichtigerer Faktor für unser Leben sei, als der IQ (Intelligenz-Quotient), habe ich irgendwo in einer Zeitschrift gelesen. Ich glaube, dass das stimmt.

Wie steht's mit deinem DQ? In der Sprache der Bibel geht es hier um Geduld, um Langmut, um Beharrlichkeit und Besonnenheit. Halte an der Berufung fest, welche eine grosse Verheissung hat.[90]

5. Verhalte dich so, dass du das Ziel erreichen kannst

Der Moment, als Carl das Radio seines Vaters zertrümmert am Boden findet und dann seinem Hasser und Offizier gegenübersteht, hätte das Ende seines Traumes sein können. Wäre er in diesem Moment handgreiflich geworden, hätte er sich nicht beherrschen können, dann wäre das Spiel aus gewesen.

Ich will nichts tun, was meine Berufung endgültig zerstören würde.

Disziplin ist eine wichtige Eigenschaft. Ohne sie wirst du deine Berufung nicht sehen. Ich will nichts tun, was meine Berufung endgültig zerstören würde. Es gibt solche Dinge. Du weisst es auch. Disziplin ist die Selbstbeherrschung, die aus der Nähe mit Gott herauswächst.[91] Das weiss Gott. Darum will er dir begegnen. Jeden Tag. Heute. Jetzt.

Gemeinsam für die grösste Sache der Welt

Es ist Ehrensache, gemeinsam gemäss der Vision Gottes für uns zu leben. Und es setzt in Bewegung. Wie es Leo Bigger ausdrückt:

Kaum etwas begeistert mich mehr, als mich mit anderen gemeinsam für eine Sache einzusetzen, durch die Menschen Gott näher kommen. Solch eine Zusammenarbeit beflügelt mich, weil aus dem «Ich» ein «Wir» wird!

Das kann ich hundertprozentig unterschreiben. Du auch? Spürst du, wie es

---

[90] Das Festhalten lohnt sich: einige Beispiele dieser Ermutigung findest du in: 1 Timotheus 1,19 und 6,12; Hebräer 3,14; Offenbarung 3,11

[91] Man kann die Charaktereigenschaften, welche aus der Beziehung mit Gott in uns geformt werden, als Früchte des Heiligen Geistes bezeichnen. Die Disziplin wird in der Aufzählung von Geistesfrüchten als Selbstbeherrschung, Besonnenheit, auch als Keuschheit übersetzt, erwähnt. Galater 5,22-23.

ansteckt? Eine Gemeinschaft von Gläubigen, eine Kirche, kann das erleben, was eine gemeinsame Vision bewirkt. Eine Vision, die aus der Begegnung mit dem himmlischen Vater lebt. Eine solche Kirche lernt beten. Sie wird eine starke Einheit finden. Gerade auch zwischen jung und alt. Gott zeltet unter ihnen. Und seine Liebe zieht Kreise. Ansteckend für die Menschen in ihrer Umgebung.

Ein glühendes Zentrum seiner Liebe und von Gottes Reich, das jetzt schon unter uns ist.

Zum Weiterdenken

1. Ein Team, das träumt:
   Was ist der Unterschied, wenn ein Team einer gemeinsamen Vision folgt oder nur du als einzelne Person einem Traum nachjagst? Vision kann definiert werden als ein Bild der Zukunft, das uns in Bewegung setzt. Bei welchem grossen Bild der Zukunft willst du ein Teilhaber sein?

2. Die Berufung (wieder) finden:
   Was spricht dich aus meinen fünf Lektionen aus dem Film «Men of Honour» an? In welcher Situation hast du erlebt, wie du in einer Berufungskrise wieder neu Mut gefunden hast, weiter zu gehen? Was war es, was dir dabei geholfen hat – oder helfen kann?

3. Teil einer Kirche zum Begegnen sein:
   Um Jesus Christus herum bilden sich seit seinem ersten Auftreten (lies Markus, Kapitel 1) in der ganzen Geschichte seither immer wieder glühende Zentren. Orte, wo die Liebe zu Gott, einander und zu den Mitmenschen pulsiert. Man nannte es zum Beispiel Pfingsten, Mönchtum, Reformation, Heiligung, Erweckung. Wie, denkst du, wird die Kirche in deiner Nähe eine solche Kirche zum Begegnen sein, bei der offensichtlich ist: «Gott will uns begegnen»?

Epilog

Hadassa berührt die Spitze des Zepters. Sie erhebt sich. «Was willst du?» fragt er, ihr König, ihr Mann, ihr Erbarmer. Was sie will? Sie will Rettung für ihr Volk. Und Strafe für den Mörder, der sich als Berater des Königs im selben Raum aufhält. Aber kann sie das jetzt einfach so sagen?

«Ich wünsche, dass du in mein Haus kommst. Es gibt etwas Gutes zu Essen.» Und dieser dort, der Berater, Haman, soll auch mitkommen. Hadassa will Begegnung. Essen schafft Begegnung.

Der König kommt. Und Haman. Hadassa deckt den geplanten Genozid an ihrem Volk auf. Haman ist entlarvt. Der König lässt sich bitten. Ein ganzes Volk wird gerettet.

Dank dem, dass sie diese Begegnung mit dem König gewagt hat.

Glücklich zu preisen ist,

wer dem HERRN in Ehrfurcht begegnet,

wer Gottes Gebote mit Freude befolgt.

Seine Nachkommen werden im ganzen Land einflussreich sein.

Ja, sie alle, die aufrichtig vor Gott leben,

werden von ihm gesegnet.

Psalm 112,1-2

Anhang I
Gott in seinem Wort begegnen

«Wenn mir der Herr in seinem Wort begegnet...» singen wir in einer der vielen Strophen des Kirchenschlagers «Du grosser Gott, wenn ich die Welt betrachte». Ja, hier, im Wort Gottes, findet Begegnung zwischen Mensch und Gott statt. Während Jesus das lebendige, mensch-gewordene Wort Gottes ist, ist die Bibel als Heilige Schrift das geschriebene Wort Gottes. Und als solches will uns die Bibel zu Jesus führen. Diesen Zusammenhang erklärt Jesus den Akademikern seiner Zeit, denen, welche die Heilige Schrift in- und auswendig konnten:

Ihr forscht in der Schrift, weil ihr glaubt, dass sie euch das

ewige Leben geben kann. Doch die Schrift verweist auf mich!

Dennoch weigert ihr euch, zu mir zu kommen, damit ich euch

das ewige Leben schenken kann.

Johannes 5,39-40

Mach es anders! Lies die Bibel und lerne Jesus besser kennen! In diesem Buch findest du viele Verweise auf die Bibel. Mein Vorschlag:

Nimm dir Zeit, um Gott in seinem Wort zu begegnen. Vielleicht eine Viertelstunde. Oder eine ganze Stunde. Rüste dich aus mit einer Bibel. Das kann auch die kostenlose Mobile-App «Bibel YouVersion» sein. Oder geh auf www.bibleserver.com. Nimm «Gott will uns begegnen» mit dir. Und ein Tagebuch oder einen Notizblock – mir hilft es jeweils, ein solches dabei zu haben. Und setz dich an einen guten Platz mit wenig Ablenkung.

Beginne deine Begegnungszeit mit Gott mit einer kurzen Pause zum Ankommen. Atme durch. Blick dich um. Lächle über die Vorfreude, deinem Gott jetzt zu begegnen. Dann bete. Sprich. In Gedanken – oder noch besser: mit leiser Stimme. Vielleicht mit diesen Worten: «Mein Gott, ich suche jetzt die Begegnung mit dir. Lass mich ungestört eine wertvolle Zeit mit dir verbringen. Ich weiss: du willst mir begegnen. That's it! Rede zu mir, ich höre.»

Wähle dir zu einem der Themen in diesem Buch eine Bibelstelle aus. Schlage sie in deiner Bibel nach und lies sie einmal durch. Dann noch einmal, diesmal laut, so dass du dich selber hören kannst. Was hörst du hier aus dieser Bibelstelle heraus? Die Heilige Schrift will uns auf Jesus verweisen. Sie will uns Begegnung mit Gott ermöglichen. Also: als wen lerne ich Gott, Jesus oder den Heiligen Geist hier kennen? Worin besteht das Leben, das uns Jesus schenken will? Wohin bewegt mich Gottes Wort hier? Was will Neues werden in meinem Leben? Zusammengefasst: Was sagt Gott zu mir?

Halte fest, was dich anspricht. Schreib es auf, notiere es dir. Vielleicht sind es auch Fragen an Gott. Vielleicht ist es die Erfahrung, die du jetzt gerade gemacht hast: Gott ist da, er ist mir unbeschreiblich nah! Halte es fest, damit du später hier weiterfahren kannst.

Denk auch darüber nach, was du damit tun kannst, möchtest oder solltest. Wenn Gott dir begegnet, lässt es dich nicht unverändert. Vielleicht möchtest du im Verlauf der nächsten 24 Stunden dich ein paar Mal an das erinnern lassen, was dir heute gerade wichtig geworden ist. Vielleicht ist es dran, mit jemandem Kontakt aufzunehmen, an den du während deiner Begegnungszeit mit Gott erinnert worden bist. Vielleicht merkst du, wie der Heilige Geist dich drängt, einen mutigen Schritt zu tun…

Und gib Antwort. Gott spricht zu dir in seinem Wort. Antworte. Sprich zu ihm. Benutze den heissen Draht zum Himmel. Und lass dich beschenken, denn:

Gott will dir begegnen!

Anhang II
Timeline

1446 v.Chr.	Gott gibt den Bau der Stiftshütte (des Zeltes der Begegnung) in Auftrag und setzt unter anderem das Laubhüttenfest als Fest zum Erinnern ein. Mose ist mit Israel auf der Flucht aus Ägypten. *S.10 und S.68*
1004 v.Chr.	David erobert Jerusalem als Hauptstadt Israels. Kurz darauf holt er die Bundeslade von Kirjat Jearim und stellt sie in die Hütte Davids. *S.61*
967 v.Chr.	Salomo baut den Tempel in Jerusalem. *S.109*
847-798 v.Chr.	Der Prophet Elisa erweckt einen Jungen vom Tod zum Leben. *S.85*
760-750 v.Chr.	Der Prophet Amos glaubt an die Wiederherstellung der Hütte Davids und dass die Welt vom Kopf wieder auf die Füsse gestellt wird. *S.60*
786-747 v.Chr.	Der Prophet Jona schmollt in seiner selbstgebastelten Hütte vor der assyrischen Residenzstadt Ninive - und begegnet dabei dem gnädigen Gott. *S.28*
720 v.Chr.	Das wieder erstarkte Assyrien erobert Samarien. *S.26*
626 v.Chr.	Nun ist es aber mit Assyrien (und Ninive) doch vorbei. Die Leaderposition unter den Weltreichen geht an Babylon über, um sie dann um 538 v.Chr. an die Meder und Perser weiterzugeben. *S.26*
473 v.Chr.	Königin Esther (Hadassa) erbittet von Xerxes Gnade für ihr jüdisches Volk. Ein ganzes biblisches Buch erzählt ihre Geschichte. *S.6 und 126*

444 v.Chr.	Nehemia setzt das Laubhüttenfest wieder ein. Ein Fest der Erinnerung mit fröhlichem Essen und Trinken – in der Begegnung mit Gott, den Fremden und Armen. *S.71*
5 v.Chr.	Gottes Sohn wird in einem Stall im Ort Bethlehem als Baby Jesus geboren. *S.16*
30 n.Chr.	Jesus Christus tritt am Laubhüttenfest in Jerusalem öffentlich auf und verspricht lebendiges Wasser und ewiges Leben. *S.74*
33 n.Chr.	Der feurige Christ Stephanus verteidigt sich vor dem jüdischen Gericht mit einem Rückblick auf die Geschichte Israels. Er stirbt kurz darauf als erster Märtyrer für den Glauben an Jesus Christus, der kurz vorher vor den Toren Jerusalems gekreuzigt worden und nach seiner Beerdigung von Hunderten Nachfolgern als Auferstandener gesehen worden ist. *S.10, 47 und 49*
60 n.Chr.	Ein unbekannter Schreiber richtet sich in seinem Brief an die Hebräer-Christen. Er beschreibt, wie Jesus die alten Opfer- und Priestergesetze in seiner Person erfüllt und wir durch seine Lebenshingabe ein reines Gewissen bekommen können. *S.33 - 45*
96 n.Chr.	Der Apostel Johannes erfährt in seiner prophetischen Vision, dass Gott selbst bei seinem Volk wie in einem Zelt wohnen wird. Früher hatte er in seinem Bericht über das Leben von Jesus bereits davon gesprochen, dass Gottes Wort in Jesus Fleisch und Blut geworden ist – und quasi unter uns gezeltet hat. *S.11 - 12*
1517 n.Chr.	Martin Luther entdeckt das Evangelium der Gnade Gottes, das uns vom schlechten Gewissen befreit, wieder neu. *S.33*

1872 n.Chr.	Der Evangelist Moody spricht vor Kindern in Schottland.	
		S.97
1948 n.Chr.	Carl Brashear tritt als erster Afro-Amerikaner in die US-Navy ein und wird Tiefseetaucher.	*S.121*
1967 n.Chr.	Der heisse Draht zwischen Washington und Moskau wurde während dem 6-Tage-Krieg im Nahen Osten zum ersten Mal eingesetzt.	*S.106*
2001 n.Chr.	9-11: die Welt steht Kopf.	*S.58*
heute	Gott will dir begegnen!	

Anhang III
Literatur- und Quellenverzeichnis

DER KNIENDE CHRIST
17.Auflage 2019 Fontis. ISBN-13: 978-3889360083

Faith Coxe Bailey
DWIGHT L. MOODY – Der grösste Evangelist des 19.Jahrhunderts
Schatztruhe des Glaubens. 1984 Schulte + Gerth, Asslar.
ISBN 3-87739-659-3

George Verwer
GNADE GEWINNT
2010 om books. ISBN 978-3947995240

Bruce Wilkinson
DAS GEBET DES JABEZ – Durchbruch zu einem gesegneten Leben
2002 Gerth Medien. ISBN 978-3-89437-765-6

Leo Bigger
ERFOLGREICH LEITEN – Wie man Mitarbeiter gewinnen und fördern kann.
2008. ICF Media GmbH, Zürich. ISBN 978-3037500279

Harald Sommerfeld
NO MORE BLUES – Glaube ohne Schuldgefühle
Quadro Nr. 8. 2009 Down to Earth, Berlin. ISBN 978-3-934992-56-5

George Tillman Jr
MEN OF HONOUR
2000 Film mit Cuba Gooding Jr und Robert De Niro

Kurt D. Schmidt
GRUNDRISS DER KIRCHENGESCHICHTE
1990 Vandenhoeck & Ruprecht (4.Auflauge). ISBN-13: 978-3525521786

Herbert John Jantzen
ANTHROPOLOGIE – VOM GEWISSEN
www.sermon-online.de

Jung Chan, Jon Halliday
MAO – Das Leben eines Mannes. Das Schicksal eines Volkes
2005 Blessing, München. ISBN 3-89667-200-2

Marc Holmen, Dave Texeira
GLAUBE ZU HAUSE LEBEN
Praktische Ideen, durch die Eltern ihre Kinder geistlich prägen
2009 Willow Medien, ISBN 978-3941707009

Michael L. Brown
GNADE OHNE ENDE?
Die Gefahren der modernen Gnadenbewegung
2017 Glaubenszentrum ISBN/EAN: 978-3981614671

Verwendete Bibelübersetzung, wenn nicht anders erwähnt
NEUES LEBEN BIBEL
2002 / 2006 / 2024 SCM R.Brockhaus

Printed by Books on Demand GmbH, Norderstedt / Germany